# 나는 직장에서
# 디지털 노마드로 일한다

사무실 없는 4차 산업혁명 시대,
경영력 있게 일하는 미래형 직장인의 생존 전략!

**나는 직장에서 디지털 노마드로 일한다**

**초판 1쇄 인쇄** 2018년 09월 21일
**초판 1쇄 발행** 2018년 09월 28일

**지은이** 국수미

**발행인** 백유미 조영석
**발행처** (주)라온아시아
**주소** 서울시 서초구 효령로 34길 4, 프린스효령빌딩 5F

**등록** 2016년 7월 5일 제 2016-000141호
**전화** 070-7600-8230 **팩스** 070-4754-2473

**값** 13,800**원**
ISBN 979-11-89089-39-9 (03320)



이 도서의 국립중앙도서관 출판시도서목록(CIP)은 서지정보유통지원시스템 홈페이지(http://seoi.nl.go.kr)와 국가자료공동목록시스템(http://www.nl.go.kr/kolisnet)에서 이용하실 수 있습니다.
(CIP제어번호 : CIP2018030447)

사무실 없는 4차 산업혁명 시대,
경쟁력 있게 일하는 미래형 직장인의 생존 전략!

# 나는 직장에서 디지털 노마드로 일한다

*How To Become A Digital Nomad at Work*

**국수미** 지음

RAON BOOK

• 프롤로그 •

# 직장에서 파도를 길게 타며 자신만의 브랜드를 론칭해보자

워크숍에서 만난 여러 직장인들에게 다시 태어난다면 무엇이 되고 싶은지 물은 적 있다. 그 질문은, 말로 하지 않고 판토마임 형식으로 표현해서 다른 사람들이 보고 맞추는 게임이었다. 컴퓨터공학을 전공한 전자회사 5년차 선임 은 파티셰가 되는 것이 꿈이고, 미술을 전공한 프리랜서 30대 초반 그래픽 디자이너는 비행사가 되는 것이 꿈이며, 정치외교학을 전공한 40대 중반 교수는 탐험가가 꿈이고, 컨설팅회사에 근무하는 30대 중반 과장은 배우가 되는 것이 꿈이라고 했다. 나는 다시 태어나면 건축가가 되고 싶다고 했다. 그런데, 다시 태어나지 않고도 할 수 있는 일이 아니냐고 물으니, 다들 손사래를 치거나 수줍게 웃고 말았다.

그들 모두 회사 생활이 힘들다 힘들다 하지만 어찌되었든 몸 담고 있는 회사가 잘되기를 바라는 마음은 공통적으로 가지고 있었다. 그리고 조직의 발전에 기여하기 위해 자신의 역량을 어떻게 발전시킬지 끊임없이 고민을 한다고 했다. 그 다음에는 무엇을 할 것인지 물으면, 모두 막막해할 뿐이었다. 30대 초반 공기업에 근무하는 대리는 순환보직으로 자신의 전문성을 키울 수 있을지 의문을 가지고 있었다.

왜 다들 직장에 다니면서도 자신의 미래를 걱정하게 되었을까? 직장에 다닌다고 직업이 생기지 않는다는 말에 공감하는가? 단순히 입사 때의 열의가 사라졌기 때문일까? 단순히 직장인으로서의 매너리즘에 빠졌다고 말할 수 있을까? 그러면 누구의 책임일까? 대부분의 직장인들은 어떻게든 안정적인 직장에서 오래 남길 원하지만, 그렇지 못한 현실을 두려워하고 한 직업을 길게 가질 수 없어서 한탄한다. 그러나 두루뭉실한 직장인이라는 타이틀이 보장하는 시대는 저물고 있다.

물론, 변한 것보다 변하지 않은 것들도 많다. 매일 출퇴근에만 3시간 넘는 시간을 도로에 바치고 있고, 상사와 부하라는 옛 방식의 상하 직급관리 체계에 매여서 갈등하며, 장시간 근무로 자기계발은 엄두도 못 내고 있다. 그렇다면 어떻게 이 상황에서 벗어날 것인지 진지하게 고민을 시작해야 한다.

나는 이 책을 펼친 당신이 직장을 다니면서 직업의 경계를 넘는 자신만의 콘텐츠를 출시(론칭)할 각오를 해야 한다고 생각한다. 직장인으로서의 안정된 생활을 유지하면서 자신의 재능을 찾는 여행을 다시 한번 시작해야 하는 것이다. 세상은 넓다. 찾는 만큼 보인다. 재능을 찾기까지 우리는 시간을 벌 수 있는 협상을 해야 한다. 원격 근무remote work가 여러분을 훨씬 더 빠르게 그 길로 안내할 것이라고 믿는다. 원격 근무라는 말이 대부분의 직장인에게는 낯설겠지만, 이미 원격 근무를 하고 있는 직장인들은 이제는 옛 방식으로 돌아가지는 못할 것 같다고 만족감을 보인다.

이제는 100세 시대다. 자신의 직장 경력과 조직 경험이 다음에 펼칠 꿈을 더욱 탄탄하게 해준다는 사실을 잊지 말고 마음껏 시도하면 좋겠다. 어떻게 하면 활력을 잃지 않고 자신의 미래를 만들어갈지 고민하며 하루를 시작하고 마감하자. 콘텐츠를 준비하고 브랜드를 출시하는 것은 결국 자신의 몫이며, 회사는 열정을 다하는 직원들이 퇴직 후 자부심을 갖고 더 넓은 사회로 나가 시너지를 낼 수 있도록 지원해야 한다.

이 책에서 말하고자 하는 핵심은 단순히 한 직장, 한 직업에서 오래 일하자는 말이 아니다. 한자리에 있기보다는 오히려 자유로워져야 한다. 내게 맞는 회사를 찾기 위해서, 내가 몰입할 수 있는 환경과 좋아하는 일을 얻기 위해서는 자신의 성향, 회사의 성향, 직무 및 과업의 성향을 간파해야 한다. 승진 없는 시대를 길게 즐겁게 가려면 반드시 그렇게 해야 한다. 모든 것은 자신에게서 나온다고 한다. 환경을, 사람을, 시대를 탓하지 말고 자기 자신을 철저히 분석하고, 좋아하는 분야를 남김 없이 계속 파악하길 바란다. 조직에서도 직장인 디지털 노마드로서 일하면서 충분히 해낼 수 있다. 더욱 다양한 경험을 해보고, 창의적으로 과제를 해낼 수 있을 것이다. 그 항해voyage를 하기 위해 갖춰야 할 요건을 PART 1에서 PART 5 걸쳐 준비했다. 함께 배에 오르길 바란다.

나는 전통적인 직장인, 직장인 디지털 노마드, 프리랜서 디지털 노마드, 이 세 가지 형태를 모두 경험했다. 나와 조직은 한배를 탄 동반자였고, 여전히 상생win-win해야 하는 파트너다. 조직의 일원으로서 무엇을 얻었는지 묻는 질문을 받으면, 문제를 해결하는 방법과, 사람들과 함께하는 힘을 키울 수 있었다고 말하곤 했다. 여러분도 회사에서 일하면서 문제 해결력과 협업하는 힘을 키울 수 있기를 바란다.

PART 1《직장인도 디지털 노마드가 될 수 있다》에서는 시대가 바뀌었는데도 변화를 모색하지 못하는 조직과 개인은 어떠한 이유로 아직 변화를 시도하지 못하고 있는지, 왜 망설이고 있는지를 말하고자 한다. 그 변화는 바로 4차 산업혁명 시대에 디지털 노마드의 일하는 방식을 도입하는 것이다. 프리랜서로 휴양지에서도 시간과 공간 제약 없이 일하는 디지털 노마드만이 아닌, 직장인으로 디지털 노마드의 새로운 원격 근무 방식을 제안하고자 한다. 회사 다니며 원격으로 자유롭게 일하는 것이 가능한 시대다. 나는 이들을 '직장인 디지털 노마드'라고 정의한다. 세상은 당신이 생각하고 있는 것보다 훨씬 다채롭다. 범위를 한정하지 말고, 생각과 행동의 창문을 활짝 열면 더 쉽게 다가올 것이다. 진정으로 성공적인 독립을 하려면 자신의 잠재 역량을 내어줄지 말지 고민하지 말고, 직장에서 패를 던져야 한다. 직장에서 자신의 일을 찾아 맘껏 연습하고, 협업함으로써 결과를 얻는 것이다.

PART 2 《직장인 디지털 노마드가 되는 법》에서는 직장인 디지털 노마드의 요건과 능력 있는 직장인 디지털 노마드가 되기 위한 방법을 이야기한다. 비즈니스 현장이나 조직이라는 울타리 안과 밖에서 확실한 목적 지향과 목표 달성을 위해 우리가 선택하고 실행해야 하는 것들에 대해 다룬다. 한 분야에서 어중간하게 우물 안만 불안하게 바라보지 말고, 직장 내 자원과 프로세스를 최대한 활용해서 물길을 파악하고 아이템을 찾아내며 플랜 B를 세워야 한다. 그리고, '내'가 빠진 조직은 의미가 없다는 것도 잊지 않았으면 한다. 조직과 구성원에게 확실한 역할과 목적이 없으면 허망한 일이 된다.

개인의 목적 달성은 조직의 목적과 일치하고 조직에서 제대로 역할을 수행해야 빛을 낼 수 있기에 다양한 사람들과의 협업은 피할 수 없다. 어디서든 인간관계로 인한 갈등은 당연히 존재한다. PART 3《직장인 디지털 노마드의 행동 유형별 관계법》에서는 서로를 인정하고 이해하며 협업할 수 있는 행동 방식을 'DISC행동유형 모델'과 좀 더 심층적인 '에니어그램 자아의식'을 통해 살펴보면서 디지털 원격 근무 시대에서 조직원간 소통하고 협업하는 확실한 방법을 제시하고자 한다.

사람의 행동을 이해하는 것에만 그치거나 만족해서는 안 되고 상대의 마음을 움직여야 지지를 얻을 수 있다.

PART 4《주도적으로 소통하고 협업하는 법》에서는 마음을 움직이고 지지를 얻어내는 법칙rule에 대해 알아본다. 프로젝트를 성공적으로 진행하고 결과를 얻는 방법을 얻을 수 있고, 기존에 갖고 있던 사내 정치에 대한 패러다임을 바꾸게 되는 계기도 될 것이다. 직장인 디지털 노마드처럼 시·공간 제약 없이 원격 근무를 하면서도 조직에서 시너지를 발휘하고 싶지 않은가? 조직과 외부에서 네트워크를 만들고, 앞서가는 사고를 지닌 사람들과 관계를 맺고, 자신의 업계에서 조직적, 직업적 영향력을 지닌 핵심 리더가 되면 승진 없는 시대에도 길게 살아 남을 것이다.

파도가 한꺼번에 밀어닥치면 혼란이 생긴다. 지금은 수많은 새로운 기술이 동시에 시장을 공격하고, 그 모든 기술이 서로 연결된다는 걸 알고는 있지만 어떻게 헤쳐나갈지 모르는 상황이다. 그렇기에 혼자서 항해를 잘 할 수 있을 거라고 생각하지 않도록 하자. 혼자 해야 하는 부분이 있고, 함께해야 하는 부분이 있다. 한 목적지를 향해 여럿이 함께 힘차게 노를 저으면 배는 더 빠르게 옳은 항로를 찾아간다.

PART 5《조직과 세상과 함께 가는 법》에서는 서로의 간격을 좁힘으로써 공존하며 승리하는 법을 말한다. 변화의 커다란 파도를 따라 파도타기를 잘 하려면 중요한 매 순간마다 운용해야 한다. 여기서는 그 운용 방법에 대한 방안을 나누고자 한다.

국수미

• CONTENTS •

## PART 2 직장인 디지털 노마드가 되는 법



## PART 3 직장인 디지털 노마드의 행동 유형별 관계법

## 5 PART 조직과 세상과 함께 가는 법

PART

# 1

# 직장인도 디지털 노마드가 될 수 있다

01

# 디지털 노마드에 대한 환상이 있는가?

디지털 노마드에 대한 오해

## 일과 기회를 잡아 세계를 돌아다니는 잡 노마드 현상

2014년 창업 3년 만에 2017년 기준 우리 돈으로 약 517억 원(4,550만 달러)의 투자를 유치하고 세계의 10만 개 이상의 기업들이 이 회사의 소프트웨어를 사용하고 있다. 넷플릭스Netflix 보다 더 대단하다는 평가를 받고 있는 이 250여 명의 회사 직원들은 9개월에 한 번 한 명도 빠짐없이 휴양지에서 모이는 것 외에는, 39개국에 각자 흩어져 매일 원격으로 협업하면서도 탄탄한 기업 문화로 소통에 문제가 없으며, 경이로운 성과를 내는 생산성을 자랑한다. 이 회사는 바로 미국 실리콘밸리에 본사(1명)를 두고 있는 깃랩GitLab Inc.(웹 기반의 깃Git 저장소 관리 서비스를 제공하는 회사로, Git은 프로그램 등의 소스 코드 관리를 위한 분산 버전 관리 시스템을 말한다)이다. 그리고 이 회사 직원들은 직장인 디지털 노마드다.

독일 미래학자 군둘라 엥리슈Gundula Englisch는 저서《잡노마드의 사회JOBNOMADEN》에서 "잡노마드Job Nomad는 끊임없이 노동 세계를 돌아다니며 자신의 잠재성을 발굴하고 자신을 정확하게 평가함으로써 불안정을 생산적으로 세련되게 다룰 줄 아는 사람을 뜻한다"고 말했다. 2000년대 초 잡 노마드족이라는 신인류가 등장한 후 일각에서는 이제 시작에 불과하다고 말하기도 한다. 그러나 그것은 더 큰 파도가 온다는 것을 의미한다.

## 직장인 디지털 노마드의 탄생

흔히 디지털 노마드에 대해서 직장 없이 자유롭게 여행하며 일하는 프로그래머나 웹디자이너, 작가, 블로거, 사진작가처럼 특별한 라이프스타일을 가진 사람들만을 말하는 것으로 알고 있는데, 그런 사람들만 말하는 것은 아니다. 디지털 노마드를 다시 정의하자면, 일단 직장에 매이지 않고 디지털 기기를 들고 다니며 시·공간의 제약 없이 이동하며, 자유롭게 개인사업을 하는 1인 기업가, 클라이언트의 의뢰를 받아 일하는 전문 프리랜서를 포함해서 원격으로 돈을 버는 사람들이다. 그동안은 일반적인 국내 정규직 직장인을 노마드라고 말하기 어려웠지만, 세상이 급변하면서 국내 기업과 글로벌 기업을 막론하고 정규직으로 원격 근무를 하는 노마드 잡을 가지고 일하는 세상이 된 것이다. IT업계에서만 디지털 노마드가 가능한 게 아닌가, 라고 생각할 수도 있지만, 디지털 시대에 들어와서 업무 특성상 첫 시작 테이프를 끊은 얼리 어댑터[early adapter] 노마드가 바로 그 분야의 사람일 뿐이다.

다양한 분야의 직장인들도 이미 면대면[face-to-face] 대화보다는 각종 메신저와 이메일로 일을 처리하며 원격 근무를 하고 있다. 직장에서도 충분히 직장인 노마드족으로 살아가게 된 것이다. 화상전화로 회의를 하면서 한국에서 글로벌 기업의 미국 본사 직원으로도 일할 수 있고, 한 달 단위로 도시를 옮겨 다니며 여전히 직장인으로서 근무하는 것이 가능하다. 직장인 디지털 노마드란 개념이 얼핏 바로 이해되지 않을 수도 있지만, 직장에 다니면서 일과 삶의 균형을 이루는 정규직 디지털 노마드가 바로 그들이다. 그들은 원격 근무, 자유로운 출퇴근, 권한 위임으로 회사와 상사의 큰 제재 없이 얼마든지 창의적인 일을 할 수 있다.

## 밖으로 떠나라
## 다만, 일은 원격으로 할 것이다

펜실베이니아대학교 경영대학원 피터 카펠리Peter Cappelli 교수는 "미래의 근무 형태는 보다 민첩agile해질 것"이라며 "유연 근무제flexitime와 비슷하지만 시간·공간의 제약을 받지 않고, 직원들이 모이는 회사의 사무실은 가상 공간에 존재할 가능성이 크다"고 말했다(《이코노미조선》). 그런 가능성이 현실화된 30년 후에는, 사람들이 왜 사무실에서 집단 근무를 했는지 몹시 신기하고 이상하게 여길 것이다.

이러한 변화가 일어나는 과정에서는 철저한 준비가 필요하다. 전 세계의 도시를 자유롭게 이동하거나 휴양지에서 장기간 머물면서도 성공적인 비즈니스를 이루는 디지털 노마드를 꿈꾼다면, 끊임없는 역량 계발과 조직에서의 성공 경험이 뒷받침되어야 그 삶을 이룰 수 있다는 것을 잊지 말아야 한다. 직접 주도적으로 움직이지 않으면 아주 오랜 시간을 흘려 보내야 할 것이다. 꿈만 꾸지 말고 일을 찾아라. 당신의 커리어를 응원하고 확실히 지원해줄 일자리에 도전하라.

Leave the office, Leave the city, Leave the country. 사무실에서 벗어나고 도시를 벗어나고 나라 밖으로 떠나기 바란다. 그곳이 온라인이든 오프라인이든 당신이 선호하는 환경을 찾아 나서라. 대신 일은 원격으로 하게 될 것이다.

02

# 현재 전 세계적으로 원격 근무자가 절반이다

시대적 파도

## 어디서든 일할 수 있는 원격 근무

"어디서든 일할 수 있는 원격 직장을 얻으십시오. Get a remote job, you can do anywhere."

원격 근무 구직을 위한 리모트오케이 사이트RemoteOK 홈페이지 첫 화면에 적힌 문구다. 기업의 이익 창출 및 비용 절감 입장과, 일에 대한 자율성을 요구하는 밀레니얼 세대의 정서가 잘 맞물려 원격 근무라는 유연한 근무 환경 패러다임이 도입되고 있는데, 이 현상은 미국을 비롯하여 영국, 독일, 네덜란드, 일본 등 전 세계적으로 일어나고 있다.

직장인 디지털 노마드의 원격 근무는 IT기업이 밀집된 미국의 실리콘밸리의 비싼 사무실 임대료와 생활비에 대한 대안으로 본격화되었다고 할 수 있다. 그와 동시에 후붓Hubud, 위워크Wework라는 협업 공간co-working space이 생겨났고, 우리나라도 예외는 아니다. 미국계, 영국계, 네덜란드계 공유 오피스가 들어와 있고, 토종 르호봇, 패스트파이브가 생겨나고 확산되고 있다.

워드프레스 개발사이자 전 직원 원격 근무를 도입한 오토매틱Automattic의 경우도 세계 45개국에 450여 명이 흩어져서 일을 하고 있다. 이 회사는 온라인 협업 툴을 사용하고, 비디오 채팅으로 실시간 미팅을 하며, 그룹 블로그를 통해 의사 결정 과정을 공유한다. 수평적인 구조로 자기주도하에 업무가 진행된다. 휴가도 자유이며, 근무 시간도 자율이어서 몇 시간을 일하든 회사에서 전혀 관여하지 않는다. 오직 결과물로만 평가한다.

일본에서는 도쿠시마 현에 위치한 카미야마라는 작은 마을이 2005년부터 일본인들의 디지털 노마드의 성지가 되고 있다. 속도가 빠른 광대역 망이 설치되어 냇가에서도 그 지역 어디든 노트북만 있으면 일을 하는 데 아무 문제가 없다.

방송국과 IT 프로그래머들, 미디어 예술가 등의 디지털 노마드들이 많이 모이고, 20여 개 IT기업의 위성 사무실이 자리잡고 있다. 가족 단위로 이사를 오기도 하는데, 기존 주민들이 대부분 실버 계층이 대부분이었던 이 마을의 새로운 목표는 아이들이 늘어나 마을의 활기를 되살리는 것이라고 한다('디지털 노마드를 위한 마을, 카미야마', MOBI INSIDE).

30여 년 전 저명한 미디어학자 마셜 맥루한Herbert Marshall McLuhan이 예측한대로 이 시대 밀레니얼 세대들은 많은 것을 소유하는 것을 거부하고, 노트북(랩탑laptop, 우리나라는 노트북이라 말하고 미국에서 '랩탑'이라는 용어를 많이 쓴다)과 디지털 업무를 가능하게 해줄 완벽한 디지털 가방(백팩)과 캐리어를 가지고 한 달 단위로 자신이 살고 싶은 국가와 도시에 사는 삶을 추구하고 있다. 그들이 갖추고 있는 디지털 장비는 젊은이들의 패션 및 라이프스타일 생활용품으로 확산되고 있다.

최근 갤럽Gallup 조사에 따르면, 미국에서 원격 근무를 하는 직장인의 비율은 2012년 39퍼센트에서 2016년 43퍼센트로 증가했다. 이 조사 외에도 가상화 솔루션 회사인 시트릭스 시스템스Citrix Systems를 비롯하여 여러 조사에서 2020년까지 미국 직장인 절반이 '풀 타임' 원격 근무직원 비율을 보일 것으로 전망하는 보고서를 내놓았다(IT World). 현재 국내 상황상

프리랜서 원격 근무자 remote worker의 경우 구인·구직 시장이 체계를 갖추고 있지 않아서 아직까지는 클라이언트를 찾는 데 시간이 필요할 것으로 보인다. 직장인의 경우 원격 근무를 포함한 유연근무제의 활용은 일본보다 소폭 증가하고 있고, 점점 더 많은 기업들이 결국에는 원격 근무의 파도를 타게 될 것이다.

## 이주하지 않고도 원격 근무 기업과 비즈니스 파트너를 찾는다

디지털 노마드들과 사업가들이 국경을 넘는 것은 이제는 자연스러운 일상이 되었다. 그렇다면 그들은 원격 근무와 협업을 할 수 있는 회사를 어떻게 찾을까? 예를 들어, 해당 기업에 속한 국가의 언어 실력이 일정 수준 이상 요구되는 업종이 아니라면, 디자인이나 프로그래밍 등의 개발 업무는 언어를 잘 구사하지 못해도 가능하다. 세계에서 가장 종합적인 취업 정보 검색 엔진인 인디드Indeed에서도 원격 근무(재택) 구직을 할 수 있다. 구인구직 비즈니스 소셜 네트워크 플랫폼인 링크드인Linkedin에서도 기업들은 비자의 한계나 비용을 없애고 전 세계에서 원하는 인재를 찾아나서고 있다. IT기업에만 해당하는 이야기가 아니다. IT World 보도에 의하면, 링크드인에서는 현재 6억 여 명의 직업 전문가 회원의 프로파일을 보유하고 있는데, 애널리틱스 기법을 통해서 대기업, 테크기업들과 밀레니얼 세대 젊은 인재들을 연결할 고용 툴을 제공하겠다고 밝혔다('링크드인 올 가을부터 전문 인재 스카우트 툴 공개', 녹색경제). 전 세계를 무대로 이주하지 않고도 원격 근무를 원하는 구직자나 새로운 비즈니스 파트너를 구할 수 있는 시대가 된 것이다.

직장인 디지털 노마드들의 경우에는 글로벌 원격 근무 커리어를 쌓는다. 직종은 상관없다. 조직에 속해 있으면서 그 안에서 팀과의 성공적인 협업을 하며 자신의 성과를 홍보한다. 그들은 자신을 어떻게 홍보해야 하는지를 잘 알고 있으며, 자신이 가지고 있는 모든 기술과 열정 등을 소셜네트워크와 링크드인에서 채용담당자들이 잘 찾아낼 수 있도록 오랜 시간 공을 들여 자신만의 독특한 프로파일을 완성한다. 원격 근무 구직자와 원격 근무자들은 자신들의 이력과 맞지 않거나 열정이 적은 일에 시간을 허비하지 않고자 한다. 자신이 정말 일하고 싶은 곳, 자신이 잘 해낼 수 있는 일에 집중해서 국경을 넘어 적극적으로 지원을 하고 원격 직장을 얻는다.

국내 직장인들도 스마트 워크Smart Work(사무실이 아니더라도 언제 어디서나 업무를 효율적으로 볼 수 있는 유연한 근무제)에 대해서 알고는 있지만, 아직 미국이나 다른 나라에서만 일어나는 일로 생각하고 있다. 하지만 원격 근무를 도입한 지는 벌써 8년째다. 원격 근무를 시행한 기업의 90퍼센트 이상이 성과에 대해 만족했는데도, 원격 근무를 적용할 필요가 있는 더 많은 기업들이 변하지 않는 공통 이유는 결국 신뢰와 세대 간의 간격 문제라고 생각한다. 세대 간의 간격을 깨고 수평적으로 창의적인 문화를 만드는 것이 기업들이 그렇게 갖고 싶어 하는 문화지만, 아이러니하게도 대다수 경영진들이 자신이 근무하고 있을 때 큰 변화가 일어나는 것에는 부담을 느낀다. 스마트 오피스와 원격 근무제가 전통적인 근무 방식과는 다르다고 하지만 그렇게 겁먹을 일은 아니다. 한국의 경우 전격적인 원격 근무를 전 직원에게 강행하거나 전원 사무실 근무를 고집하는 것은 해결책이 될 수 없다. '모 아니면 도'가 아니라, 최소한의 사무실 근무와 원격 근무를 병행하는 혼합 근무를 시도하면서 미래를 계획하는 것이 아주 중요하다. 부서별, 프로젝트별, 업무별로 근무 장소를 결정하는 '유연성'이 큰 도움이 될 수 있다. 세상은 변하고 있다. 어느 방향으로 얼마만큼 변할지는 아무도 모른다. 하지만 일하는 방식의 변화나 디지털 시대 원격 근무 같은 새로운 방식을 고려하지 않는다면 창의적인 가치 혁신에 목말라 있는 Y세대, Z세대의 소프트형 인재들은 더 이상 기업에 머물지 않을 가능성이 높다.

2015년에 이미 노동인구수에서 밀레니얼 Y세대(1981~1994년생)가 베이비붐 세대(1946~1964년생)와 X세대(1965~1980년생)를 넘어섰다. 밀레니얼 Y세대를 넘어 앞으로 유입될 Z세대(1995~2005년생)의 근로자들은 전통적인 사무실 업무 환경을 더욱 더 거부하고 더 유연한 작업 환경을 추구할 것이며, 라이프스타일과 근무 환경 선호도에 따라 직장 있는 노마드가 될지, 직장 없는 노마드가 될지 결정할 것이다.

# 03

# 직장인 디지털 노마드는 누구인가?

•

미래형 직장인

## 직장인 디지털 노마드의 정의

직장인 디지털 노마드는 한 직장에 소속되어 있으면서 사무실 밖에서 시공간의 제약 없이 업무를 하는 원격 근무telecommuting를 하는 회사원이다. 시간과 공간의 제약을 받지 않는 자율성은 더 많은 연봉과 인센티브보다 더 괜찮은 장점으로 작용한다. 업무 사안에 따라서는 장기간 지방이나 국외에 있으면서도 언제든 회사 사무실에서 근무하는 팀원들과 또 다른 원격 근무자들과 협업이 가능하다. 작가나 프로그램 개발자 같은 휴양지의 디지털 노마드만이 할 수 있는 일이 아니다. 사무실 근무, 재택 근무, 스마트 워크 센터(시공간 제약 없이 일하는 근거리 워크 센터), 휴양지의 휴붓(협업 공간), 메이커 스페이스(창작 공간) 등 일하는 장소는 개인의 취향과, 선호도, 몰입도에 따른 선택이지, 원격 근무가 불가능한 사무직과 관리직 직무는 생각보다 많지 않다. 면대면과 현장 근무가 반드시 필요한 교육 분야, 의료 처치와 수술, 과학, 공학 실험, 최첨단 장비와 설비 관리, 보안 및 안전, 재난 관리 등 직접 보고하고 즉시 대응해야 하는 업종이 아닌 한 가능하다.

매년 사무실 외의 장소에서 업무를 하는 비율이 증가하고 있다. 모바일 오피스가 가능해지면서 더욱 활동적으로 업무를 수행할 수 있게 된 만큼 직원들의 근무 형태를 '풀 타임 사무실 근무'와 '풀 타임 원격 근무'라는 2개 범주가 아니라, 직무 특성에 따른 사무실 근무와 원격 근무를 혼합한 시간제와 요일제 원격 근무자를 추가해서 3개 범주로 분류해야 한다. 하게 함으로써, 탄력 근무제(평균 근로 시간 주40시간의 범위 내에서 1일 근무 시간을 자유롭게 조정하는 제도)와 재량 근무제(업무수행 재량에 따라 합의한 시간을 근로 시간으로 보는 제도)와 유사하면서도 실행하는 데 큰 무리가 없다.

## 원격 근무 및 현장 근무 직업군

다음은 직업별 가능한 원격 근무와 사무실을 비롯한 현장 근무 적합도를 고려해서 분류한 것이다. 경영·사무, 영업·고객상담, IT·인터넷, 디자인, 서비스, 전문직, 의료, 생산·제조, 건설, 유통·무역, 미디어, 교육, 공공의 직종별 업무 특성에 따라 가능성을 살펴보자.

**| 직업별 원격 근무, 탄력 근무, 재량 근무 구분표 |**

| 근무 형태 | 직업군 |
|---|---|
| 프리랜서<br>디지털 노마드<br>(원격 근무) | 공인회계사, 기자, 노무사, 도시계획가, 번역가, 인문과학연구원, 조사전문가, 마케팅 리서치, 온라인 상담가, 여행서비스 관련 종사자, 경영컨설턴트, 광고 및 홍보 전문가, 네트워크 엔지니어, 리포터, 편집자, 잡지 기자, 프로그래머, 작가, 블로거, 유튜버, 비디오 편집자, 전자북 판매, 글로벌 셀러, 카피라이터, 작곡가, 작사가, 웹 디자인, DJ, 뮤지션, 사진작가, 그래픽, 폰 앱 디자인, 온라인 강좌 강사, 사이버대학 교수 |
| 직장인<br>디지털 노마드<br>(원격 근무)<br>/<br>재택 근무<br>스마트 워크 센터<br>(근거리 자유 사무실),<br>모바일 오피스 | **일반사무·관리직 대부분 가능함.** 경찰관, 공인회계사, 기자, 노무사, 번역가, 변호사, 은행원, 인문과학연구원, 조사전문가, 행사기획자, 마케팅리서치, 메이크업아티스트, 온라인 상담전문가, 사회복지사, 여행서비스 관련 종사자, 일반공무원, 커플매니저, 가상현실전문가, 경영컨설턴트, 광고 및 홍보 전문가, 네트워크 엔지니어, 데이터베이스관리자, 리포터, 보험대리인, 상품중개인, 시각디자이너, 실내장식 디자이너, 아나운서, 연예인 및 스포츠매니저, 영업원, 컴퓨터 프로그래머, 투자분석가(애널리스트), 관광기획자, 광고 및 홍보전문가, 국악인, 금속 및 보석 세공원, 만화가 및 애니메이터, 모델, 무용가, 사진작가, 인테리어디자이너, 작가, |

| | |
|---|---|
| 직장인<br>디지털 노마드<br>(원격 근무)<br>/<br>재택 근무<br>스마트 워크 센터,<br>(근거리 자유 사무실),<br>모바일 오피스 | 작곡가, 작사가, 직업 상담 및 취업컨설턴트, 컬러리스트, 패션디자이너, 플로리스트, 편집자, 시장 및 여론조사전문가, 심리상담가, 심리학자, 잡지 기자, 인적자원전문가, 일반사무직영업, 청소년 지도사, 보험설계사, 제품디자이너, 프로게이머, 투자분석가, 국제무역가, 손해사정사, 상품중개인, 스포츠에이전트, 증권분석가. 정보보호전문가, 건축가, 웹 및 멀티미디어 디자이너, 기업 고위 임원, 금융자산운용가, 통역사, 요리사. 사회단체활동가, 사회학연구원, 청소년지도사 |
| 직장인<br>사무실 및 현장<br>근무자<br>/<br>탄력 근무제<br>재량 근무제<br>+<br>원격 근무 | 경찰관, 프로그램 개발팀(회사의 최첨단 자원을 이용하기 위해 회사 연구실 근무 선호). 관세사, 노무사, 물류관리사, 변호사. 사회학연구원, 사회단체활동가, 성직자, 소방관, 시스템운영관리자, 은행원, 의료장비기사, 의사, 이공학계열 교수, 중고등교사, 지휘가, 직업 군인, 판사, 행사기획자, 간호사, 병원코디네이터, 메이크업아티스트, 문화재 보존원, 방사선사, 보육교사, 비행기 승무원, 사회복지사, 상담전문가, 아나운서, 쇼핑호스트, 안경사, 애완동물미용사, 유치원교사, 응급구조사, 인문계열 교수, 일반공무원, 초등교사, 치과기공사, 치과위생사, 물리치료사, 검안사, 피부미용사, 특수학교교사, 교육계열 교수, 네트워크 엔지니어, 데이터베이스관리자, 보석감정사, 생명과학연구원, 외환딜러, 운동코치, 원예전문가, 자동차 공학기술자, 전문비서, 호텔지배인. 제과사 및 제빵사, 제품디자이너, 조리사 및 주방장, 촬영기사, 건축감리기술자, 기계공학기술자, 기자, 농장경영자, 반도체 공학 기술자, 비행기 조종사, 산업공학기술자, 산업안전원, 에너지공학기술자, 자산운용가, 자연과학시험원, 자연과학연구원, 전기공기술자, 통신공학기술자, 품질관리 사무원, 학원강사, 환경공학기술자, 교육 및 훈련 사무, 교육행정사무원, 기록물관리사, 동물사육사, 병원행정사무원, 보건교사, 수의사, 약사, 역사학연구원, 영양사, 원예전문가, 음악치료사, 촬영기사 및 방송장비기술자, 판사 및 검사, 학예사, 한의사, 행정공무원, 가수, 가축사육자, 감정평가사, 과학자, 심리상담가, 심리학자, 연기자, 영화감독, 예체능계열 교수, 임상심리사. 건축공학기술자, 경영계열 교수, 경호원, 교도관, 스포츠강사, 자영업, 조경기술자, 지하철기관사, 철도기관사, 통역사, 항공교통관제사, 항공기 정비원, 항공기 조종사, 항해사, 가정의학과 의사, 놀이치료사, 동물조련사, 법무사 및 집행관, 사서 교사, 사회계열 교수, 속기사, 심리학연구원, 응급구조사, 이학계열 교수, 인적자원전문가, 청소년지도사 |

## 현재 일자리에서 변화에 대비할 준비를 하라

최근 글로벌 고용시장에서는 '긱 워크gig work'가 화두로 떠오르고 있다. 한 공간에 모여서 일을 하는 작업 방식에서 온라인 플랫폼을 통해 개별적으로 노동력을 상품처럼 단기로 거래하는 새로운 작업·통제 방식이 등장하면서 가능해진 일이다. 앞에서 언급한 것처럼, 미국의 경우 2020년이면 직장인 절반이 원격 근무를 하게 될 것으로 전망하는 보고들이 있고, 델Dell 보고서에서는 2030년까지 현존하는 일자리 85퍼센트가 사라진다고 한다('85% Of Jobs That Will Exist In 2030 Haven't Been Invented Yet: Dell', HUFFPOST). 그리고 그만큼 새로운 직업이 탄생할 것이다. 대부분의 사람들은 직업의 변화를 겪게 되고, 직업 변화에 대한 준비가 필요하다.

그렇다면 우리는 어떻게 대비를 해야 할까? 우선, 자신의 현재 일자리에서 방안을 찾아야 한다. 지금 직장과 하는 일이 마음에 안 든다고 해서 당장 그만두고 전 세계 휴양지를 돌며 직장 없이, 지속적인 일 없이 노마드족으로 계속 살 수 있는가? 목표 없이 유목민 생활을 갈구하지 말고, 표적을 분명히 하고 여정 안에서 달성해야 할 목록을 만들어야 한다.

그리고 자신의 열정을 찾아 계속 업데이트하자. 예를 들어, 다양한 안목과 통찰력을 키워서 발 빠르게 사업 아이템을 찾거나, 특정한 라이프스타일이나 패션에 관심이 있다면 어떤 스타일과 브랜드를 좋아하는지, 자신이 관심을 갖고 있는 사업 분야나 다양한 회사들의 개성을 파악하고, 아이템을 관찰하고 연구하며 새로운 아이디어를 구상하는 것이다.

앞으로는 기업에 취업을 하든, 자신의 능력으로 프리랜서로 일하든, 다양한 직업이 생겨나고 전문가와 기업이 즉, 개인 대 기업이 연계되어 비즈니스를 추진하는 프리 에이전트, 분야 전문 에이전시 사회로 더욱 확대될 것이다. 창의성, 비판적 사고, 협업 능력, 의사소통 능력 등의 역량을 발휘할 사업 기회를 지속적으로 키워 나가며, 프로젝트 방식을 통해 협업으로 새로운 문제를 해결하는 과정을 체화해야 경쟁에서 승산이 있다. 회사와 내가, 개인이 법인과 동등하게 계약을 맺고 파트너로서 프로젝트를 성공시키기 위해 최적화된 삶을 준비하자.

무엇보다 자신이 즐거워하는 일을 어느 정도의 수준까지 끌어올릴 수 있는지가 중요하다. 인터넷과 모바일 기기만 있으면 어디에서든 가능한 디지털 노마드의 확산은 여러 개의 직업을 갖는 'N잡러(2개 이상 복수를 뜻하는 'N'과 직업을 뜻하는 'job',

사람을 뜻하는 '~러(er)'가 합쳐진 신조어로 '여러 직업을 가진 사람)'들을 더 많이 탄생시킬 것이다. 내가 말하고자 하는 N잡러는 현재 다니고 있는 직장의 업무를 방해하거나 회사에 불이익을 주는 일이 아니라, 자신이 가장 잘 하는 일에서 파생된 아이디어와 재능, 기술을 활용한 시너지를 낼 수 있는 직업을 말한다. 즉 퍼스널 브랜딩 전략으로서의 멀티 잡이어야 성공 가능성이 높아지는 것을 의미한다. 이렇듯 직장인으로서 생계 유지만이 아니라 개인의 안전망을 구축하면서도, 안정감과 회사의 지시중독증을 벗어나서 자신의 능력과 자립성을 키우는 데 집중하면 된다. 또한 자신감을 갖고 자신에 대해 깊이 알아가는 자기 인식도 아주 중요하다.

04

# 직장 있는 노마드 vs. 직장 없는 노마드

선택의 문제

당신은 직장 있는 디지털 노마드를 택할 것인가? 아니면, 직장 없는 프리랜서 디지털 노마드로 일할 것인가?

## 프리랜서 디지털 노마드의 삶

우선 새로운 노동 패러다임이라 말하는 일과 여행하는 프리랜서 디지털 노마드에 대해서 정리해보자. 프로그래머, 블로거, 소설가, 여행작가, 사진작가 등의 사람들에게 일이 없을 때는 그들을 디지털 노마드가 아니라 그냥 노마드라고 말한다. 즉, 배낭여행족이다. 실제 제대로 일하며 세계를 여행하는 디지털 노마드는 일과 삶의 분리가 어려운 경우도 많고, 인터넷에서 보는 멋진 사진들의 모습처럼 해변가에서 노트북을 들고 일하기도 어렵다. 일하는 장소에 크게 구애 받지 않다는 것뿐이지 일을 안 하는 게 아니다. 오히려 일이 더 많아지기도 한다. 원활한 인간관계를 유지할 수 없기도 하고, 온라인 커뮤니티에서 친구들을 불러 화상전화를 하는 방법으로 외로움을 극복하기도 한다. 부유한 디지털 노마드도 있지만, 4대 보험이 적용되지 않는 불이익과 생계를 유지하기 위해 지속적으로 일감을 찾아야 한다. 수입이 많지 않을 때는 생활비에 맞춰서 여행 비용도 조정해야 한다. 하지만 그렇게 생존에 대한 축을 세우면서도 자연을 바라볼 수 있고, 출퇴근 이동 문제에 시달릴 필요 없고, 일의 주체가 자신들이라는 점에 아주 만족해한다.

일이 그들에게 더 이상 괴로움이 아니다 보니, 한번 몰입하면 그만두지 못해서 오히려 일중독자가 되기 쉽다. 사람들이 다음 계획을 물으면 그들은 여행을 하다 지치면 집으로 돌아가거나 취업해서 정착하는 삶을 택할 수도 있다고 한다. 하지만 지금은 다른 생각보다는 현재의 삶을 즐기는 데 집중하고 싶다고 말한다. 그들의 모습은 다양한 삶의 방식이 확산되고 있음을 보여준다. 그들이 단순한 여행자가 아니라 일을 하며 국경을 넘나들며 10년, 20년 은퇴 후 어떻게 변할지 모르는 세상에 전전긍긍하지 않고 다양한 문화권의 삶을 접하고 경험하는 과정은 자아 발전에 큰 역할을 할 것이다.

프리랜서 디지털 노마드에게 장미빛 전망만 있는 것은 아니다. 디지털에 최적화된 전문 분야가 아니라면, 어느 순간 직장을 가져야 할 상황이 닥칠 것이고, 여행에서 돌아오면 있던 자리마저 사라져 있을 수 있다. 취직이나 창업을 하는 필연적인 순간이 올 확률도 높다. 치열한 생존경쟁 속으로 다시 뛰어들어야 한다는 것이다. 직장이 없는 프리랜서 디지털 노마드가 배낭여행족에 그치지 않으려면 그만큼 발로 뛰어야 한다. 늘 여행만 하고 살 수는 없다. 여행은 원래 자리로 되돌아오는 것을 전제로 한다. 그런 의미에서 단순한 여행에 그치지 않으려면 자신의 미래를 설계할 수 있어야 한다.

## 직장인
## 디지털 노마드의 삶

원격 근무가 가능한 직장인 디지털 노마드들은 고정 수입이 있어서, 수입이 불안정한 프리랜서 디지털 노마드보다 현실성이 높고 안정된 생활을 할 수 있다. 글로벌 기업들은 원격 근무제를 도입하면서 더 이상 큰 사무실과 회의실이 필요 없게 되었고, 원격 근무로 인해 사내 인재 풀을 더욱 넓힐 수 있게 되었다. 직장인 디지털 노마드들은 여행하며 일하는 자유로운 삶을 추구하기 위해서라기보다는 불필요한 시간 낭비를 줄이고, 일에 더 집중하고 창의성을 높이기 위해서 더 개방적인 구조의 리모트 기업에서 디지털 노마드를 택한 사람들이다.

직장인 디지털 노마드들이 말하는 장점을 우선 살펴보자. 일단, 시간과 공간의 제약이 적어서 여가와 가정에 시간을 투자할 수 있다. 국내에서 이사하지 않고도 얼마든지 국내 기업과 글로벌 기업에서 원격 근무를 하며, 가족이나 애인, 친구들과도 떨어지지 않아도 된다. 능률과 효율이 가장 높은 시간과 장소를 선택해서 근무할 수 있고, 출퇴근 시의 교통비나 외식비 등 일상적인 비용이 절약되고, 체력과 시간, 에너지 소모가 줄어든다. 사내 정치나 동료간의 관계 유지에 필요한 노력이나 감정 소모도 줄고, 상사와의 직접 대면이나 불필요한 지시로 인한 스트레스도 줄일 수 있다. 클라이언트와 외부 미팅을 하기도 하지만, 행아웃 화상미팅으로 앉은 자리에서 회의를 할 수도 있다.

이들에게 애로사항이 없는 것은 아니다. 재택 근무자의 경우, 일하는 시간을 탄력적으로 사용하다 보니 일과 삶의 경계가 모호해질 수 있다. 원격 근무와 재택 근무에 대한 적응기간과 집중할 수 있는 업무 환경을 확보하는 것이 중요하며, 자기통제력과 책임감이 필요하다. 반면, 원격 근무 시에는 모두 텍스트[text]로 대화가 기록되어서 실행률이 높아진다. 또한 업무 진행과 성과물이 투명하게 공개되고 기록된다.

근로자가 자율적으로 일하는 방식과 시간을 결정하는 것은 단순히 근로자 개인에게만 좋은 것이 아니다. 직장인 증후군이라고 칭할 만큼 직장인들은 각종 스트레스로 인한 '번아웃[burn out]현상'을 겪고 있고, 이로 인한 정신적 육체적 악[惡]영향은 이루 말할 수 없다. 결과적으로 업무의 효율과 능률이 떨어질 수밖에 없다. 직원의 스트레스가 줄어들면 이는 곧 기업의 생산성 향상으로 연결된다. 미네소타대학교의 연구에 따르면, "근로자가 자신의 일정을 통제할 수 있을 때 스트레스와 심리적 고통이 줄어들고 직업 만족도는 높아진다. 근로자의 행복과 높은 성과를 낸다"고 밝혀졌다('탄력근무자시대', 이투데이).

결국, 선택의 문제다. 더 중요한 가치를 위해 직장 있는 노마드이든, 직장 없는 노마드이든 사무실 밖에서 일하기로 결정을 하면 그에 수반되는 추가적인 노력이 필요하다.

05

# 직장인 디지털 노마드로 살아야 하는 이유

•

현실 직시하기

디지털 노마드는 미래에 대한 불안 때문에 시작되었다고 볼 수 있다. 현재 고용시장이 변화해 정규직이 빠르게 감소하고 있다. 미국 프리랜서 유니언과 프리랜서 플랫폼업이 발표한 관련 조사에 따르면, 2027년까지 프리랜서가 성장할 것이라고 한다. 이 조사는 프리랜서 증가가 현재의 속도로 계속된다면 미국 인구의 50.9퍼센트가 10년 안에 프리랜서가 될 것이라고 밝혔다('Are We Ready For A Workforce That is 50% Freelance?', Forbes). 파레토 법칙(80대 20, 전체 결과의 80퍼센트가 전체 원인의 20퍼센트에서 일어나는 현상)이 적용된다면 현재 존재하는 노동의 80퍼센트는 자동화되고 나머지 20퍼센트는 창의적인 활동으로 채워질 확률이 높다. 이러한 창의적인 활동이 풀 타임 잡일까? 아니다. 기업이 프로젝트별 필요한 직무와 비중에 따라 민첩하고 창의적인 전문가 또는 전문 에이전시와 단기 계약을 하는 방식이 갈수록 많아질 것이다.

## 직장 없는 디지털 노마드가 갖춰야 할 요건

직장 없이 디지털 노마드로 성공한 사례들을 들었을 것이다. 하지만 직장 없는 디지털 노마드족으로 성공하기 위해서는 독창성과 시장성이 맞아서 대대적으로 성공하거나, 업계에서 자타공인된 실력과 성실성, 책임감이 돋보이는 스타 전문가가 되어야 한다. 즉, 일감이 계속해서 일정하게 들어와야 한다는 것이다. 플랫폼을 만들어 자동적인 수익 구조를 만들고, 비즈니스 파트너도 한 곳만 있어서는 안 된다. 일정량의 일을 꾸준히 주는 고정적인 파트너가 최소 3곳에서 5곳은 있어야 하며, 프로젝트가 마무리되면 또 새로운 클라이언트를 개척하고 만나야 한다. 즉, 파트너 관계 관리PRM, Partner Relationship Management를 잘해야 한다. 직장 없는 디지털 노마드족으로 살려면 첫째도 둘째도 지속성이라는 것도 유념하자. 자유로운 방식의 근무 형태를 협상하고 주장하기 위해서는 자신이 챙기고 갖추어야 할 요건도 상당히 많다.

## 직장인 디지털 노마드의 길

세계적인 강연가 팀 페리스는 저서 《나는 4시간만 일한다 The 4-Hour Workweek》에서 직장인이 되기로 결정했다면 근무 시간의 80퍼센트를 줄이기 전에 장소를 확보하는 것이 중요한데, 그 장소의 확보라는 것은 사무실을 벗어나는 것이 필수적이라고 말한다. 그 이유는 사무실에 있으면 고용주는 9시에서 5시까지 일하기를 기대하기 때문이라는 것이다. 이는 상급자의 간섭 없이 주도적으로 업무를 완벽하게 수행해낼 수 있다면, 원할 때 일하고 살고 싶은 곳에서 살 수 있다는 것이다.

당신이 선택하고자 하는 기업이 개인을 존중하고, 자율성과 창의성을 인정하는 문화를 가지고 있다면, 직장 없는 디지털 노마드가 아닌 지속성 있는 직장 있는 디지털 노마드를 우선 권한다. 노트북만 갖추고 자택이나 휴양지 등 사무실이 아닌 다른 장소에서 업무를 수행하며, 고정된 급여도 받고, 취미나 좋아하는 일을 즐기며 여러 직업을 가지고도 온전히 자신을 돌아보는 시간을 더 많이 갖거나 가족과 함께할 수 있다. 또 인생의 비즈니스 기회가 오면 이 모든 것이 경험치가 되어 당신의 힘찬 도약을 만들어 줄 것이기 때문이다.

직장인 디지털 노마드로 일하기 위해서 현재로서는 글로벌 기업에 취업하는 게 일반적인 방법이다. 국내 기업에서도 도입하고 있지만, 글로벌 기업만큼 원격 근무가 활성화되어 있지는 않다. 아직은 디지털 노마드로 살아갈 수 있는 다양한 직장과 직업군이 국내 채용 시장에 완전하게 형성되지 않은 상황이다. 하지만 중요한 것은 자신이 디지털 노마드로서 일할 수 있는 능동적인 태도를 가지고 있는지 여부다. 직장인으로 앞으로 닥칠 미래를 대비해 싫든 좋든 준비를 해야 한다.

최근에는 고수익 유튜버들이 화제에 오르면서, 많은 사람들이 유튜버들을 부러워하고 있다. 그런데, 유튜버가 고수익을 올리기까지 어떤 과정으로 일을 할지 생각해본 적이 있는가? 매번 포스팅을 할 때마다 아이템을 생각하고 밤샘을 해가며 온갖 아이디어를 강구하며 재주를 발휘해서 그 결과를 얻는 것이다. 막연히 그들을 부러워하지 말고 직업적 소명이나 자신의 위치에서 할 수 있는 일을 찾아서 꾸준히 시도하고, 현재 일에 충실하면서 다음을 위해 자신만의 아이템을 찾는 노력을 하면 된다. 자신이 좋아해서 힘들 줄 모르고 몰입하게 만드는 것을 찾는 일이 더 가치 있고 중요하다.

상사나 슈퍼 리더 없이 스스로 아이디어 개발에 몰두하고 주도적으로 계획하고 성과를 내고 있는가? 회사에 고용된 직원이 아니라 파트너이자 기업가라는 생각을 하고 업무에 임하는가? 이 질문들에 대해 아니라고 대답한다면, 자신이 변하지 않는 관료제의 상사와 다를 바 없다는 것을 직시해야 한다. 그리고 좁은 세계의 사무실에서 한정된 동료들과 회의실에서 아이디어를 짜내려고 끙끙대지 말고 제휴할 회사[B2B]와 고객[B2C]이 있는 곳으로 나가서 그들과 협업을 해야 한다. 새로운 발상과 발견은 현장 관찰에서 이루어진다. 사무실에 앉아서 데이터를 분석해도 얻을 수 없었던 깨달음과 놀라움이 있는데, 왜 사무실만 고집해야 하는가? 바깥에서 키운 직관과 종합적으로 볼 줄 아는 능력은 기하급수적인 변화의 시대에 결단력을 키우는 가장 좋은 방법이 된다. 그리고 시대가 요구하는 흐름을 읽으며, 시대 흐름을 타지 말아야 할 것과 타야 할 것이 뒤바뀌지는 않았는지 점검해야 한다. 그것이 바로 21세기를 살고 있는 지적 디자인[Knowledge Design] 씽킹족인 디지털 노마드로 살아가는 방법이다.

PART 2

# 직장인 디지털 노마드가 되는 법

01

# 직장인 디지털 노마드의 흐름

•

현재 위치 확인하기

2016년 《노동 없는 미래》의 저자 팀 던럽Tim Dunlop 박사가 말한 탈脫 노동시대처럼 매일 근무 시간에 맞춰 사무실로 출퇴근해서 성실함만 보여줘서는 인정받기 힘들다. 이제는 근무 혁신을 고민해야 한다. 프로젝트와 목표가 주어지면, 국내 어디서든 세계의 휴양지든 히말라야이든 심지어 화성에서든 자신만의 계획과 아이디어로 일을 추진하고 성취할 수 있는 사람이 필요하다. 이것이 바로 '혁신의 메카' 실리콘밸리의 수많은 스타트업과 유니콘 기업들이 다양한 근무 제도를 실험하며, 기존의 전통적인 근로 방식에 반기를 드는 이유이다.

## 자신에게 맞는 원격 근무 상황을 만들어라

우리 직장인들은 디지털 시대에 맞는 준비를 해야 한다. 무엇을 어떻게 준비해야 하는가? 원격 근무 협상을 하기 위한 방법들을 하나씩 풀어보자. 고되고 시간도 많이 소요되는 출퇴근을 하며 사무실에 굳이 나오지 않아도 되는 이유와 시간을 자유롭게 써도 과업을 충분히 해낼 수 있는 방법을 상세하게 제시할 줄 알아야 한다. 그리고 일 처리 과정에서 보여지는 효율성과 성공적인 결과만이 상사를 납득시키는 현실적인 근거라는 것도 잊지 말아야 한다.

나의 경우, 기획실 근무 10년차에 접어들면서 디지털 노마드처럼 원격 근무를 하며 비교적 자유로운 근무를 할 수 있는 기회가 점차 주어지기 시작했다. 회사를 통해 들어온 외부 컨설팅 업무와 연수원 강의를 위해 출장의 형태로 외근을 했다. 회사에서는 그런 기회를 허락함으로써 대외 역량을 키우게 했고, 연봉 만족도를 끌어올렸다. 외근을 할 경우에는 상황에 맞게 상사가 궁금한 점이 없도록 실시간으로 보고했고, 이동하면서 팀원들과 통화해 일을 처리하고 필요에 따라서는 구두 결재를 했다. 당일 내로 처리해야 할 문서 작업이나 보고서, 전자결재는 집에서 사내 인트라넷 IP 주소를 부여받아서 처리했다.

결혼 후 출산과 육아로 인해 지속적인 근무가 어려워지자, 오전에는 사무실 근무를 하고 오후 2시에 퇴근해서 집에서 일했다. 한 달에 두세 번 정도 저녁 6시 이후에 기획실 회의나 부서장 회의가 있는 경우에는 오후에도 남아서 준비를 했지만, 대부분 오후에는 재택 근무를 한 셈이었다. 사실 이런 근무 형태는 10년 전 국내에서는 아주 특별한 경우였다. 오전에 현장에서 근무할 때는 부서별 회의와 의견 조율, 현장 모니터링, 구두 보고를 하고, 오후에는 집이나 내가 원하는 장소에서 문서 작업을 한 후 담당 부서장에게 컨설팅 경과 및 결과 보고서를 제출하는 방식이었다. 부서원들이 필요로 하는 자료도 전화로 코칭하고, 이메일을 통해 발송해서 정보를 제공했다. 이렇게 나는 내게 맞는 회사로 만들어갔다. 시대를 앞서고 생각이 트인 다양한 사고를 가진 경영자와 상급자, 동료들을 만난 덕분이었다.

## 전 세계적으로 근무 시간을 줄이고 있다

'주52시간 근무제'와 '9 to 5'가 기업별로 점차적으로 시행되고 있지만 근무 시간을 더 줄여야 한다는 소리가 높다. 물론 국내도 35시간 근무제를 성공적으로 시행하고 있는 스타트 기업도 생겨나고는 있다. 일본에서도 2016년에 야후 재팬을 시작으로 유니클로가 주4일 근무제를 시작했다. 오스트리아, 뉴질랜드도 워라밸을 실험 중이고, 임금 삭감 없는 주4일 근무제, 주32시간 근무제 실험을 성공한 뉴질랜드 신탁회사 퍼페추얼 가디언Perpetual Guardian의 사례도 나오고 있다. 스웨덴과, 덴마크, 네덜란드에서는 이미 주4일제가 정착되어 평균적으로 주당 30시간만 근무하는 것으로 나타났다. 중국에서도 2030년도부터 '주4일제, 36시간 근무제'을 도입할 것을 고려한다는 보도가 있다('중국도 2030년부터 '주4일 근무, 3일 휴식' 도입 검토', 한국일보). 이렇듯 업무방식을 효율화해 근무일수를 줄이려는 시도가 전 세계적으로 확산되고 있다.

그런 점에서, 출퇴근으로 소비되는 시간과 비용을 좀 더 생산적으로 줄일 수 있는 원격 근무제를 포함한 유연근무제는 상당히 매력적이다. 하지만 스마트 워크를 운영하는 기업의 업무 효율 성과와 직장인 스트레스 감소, 사회 경제 전반적인 측면에서 효과적인 운영이 이루어질 수 있음에도 불구하고, 적용할 수 있는 직무 적합도 등의 고민 문제로 스타트업과 일부 중소기업, KT, 신한은행 같은 적극적인 기업들을 제외하고는 민간 기업에서는 많이 도입하지 못하고 있다.

우리와 조직 문화가 비슷한 일본의 경우 IT기업이나 민간 글로벌 대기업들이 인재 영입과 생산성을 위해 근무 시간을 줄이는 움직임을 주도하고 있다. 니혼게이자이 신문에 의하면 도요타Toyota의 경우 2016년에 1주일에 한 번은 2시간만 사무실로 출근하고 나머지는 재택 근무를 하는 방식을 취하기 시작했다. 약 7만 2천 명 직원 중 조건이 충족되는 2만 5천 명이 이 방식으로 근무하게 된 것이다('도요타, 재택근무 확대 시행… 일반직도 원하면 집에서 일한다', 이투데이). 도요타는 사무직과 개발 분야 기술직, 입사 5년 이상인 직원들을 대상으로 시행했다('재택근무에 로봇까지… 늙어버린 일본의 생존게임', 세계일보).

## 원격 근무의 여건이 아직 무르익지 않은 국내 상황

아직 국내 다수의 기업들에서는 재량 근무제나 탄력 근무제, 재택 근무제와 원격 근무제 시행이 쉽지 않다고 여긴다. 새로운 제도 시행에 대한 두려움과 그 시행 결과에 대한 책임 소재를 비롯하여, 일부 젊은 직장인들의 무책임한 업무 태도도 고려하지 않을 수 없다. 이와 더불어, 업무 집중도 문제와 직원들의 근무 태도 관리가 어렵다는 이유로 스타트업조차도 원격 근무제 도입을 망설이고 있다. 사실 베이비붐 세대의 경영진과 부서장들은 전통적인 근무 방식에 대한 선호도가 높다. 중요 사안의 경우 면대면 회의를 통한 의사 결정이 탁월한 결과를 가져온다. 하지만 회사 구성원에 베이비붐 세대만 있는 것은 아니다. 다양한 세대가 있는 만큼 기업 구성원의 대화나 업무 전달 방식에서 서로간 답답함을 호소한다. 각 세대별 소통 방식을 한 문장으로 정리하면, 베이비붐 세대(1946~1964년생)는 'Write me!(서면보고 하시오!)', X세대(1965~1980년생)는 'Call me!(전화로 합시다!)', Y세대(1981~1994년생)는 'E-mail me!(이메일로 발송하세요!)' Z세대(1995~2005년생)는 'Text me!(문자 주삼!)'이다('Five Generations Working Side by side in 2020'). 따라서,

보고 내용이나 성격, 분량, 상대에 따라서 대화 채널을 다르게 해서 원격 소통을 해야 한다.

우리나라에서도 정부가 2010년부터 스마트 워크를 주도적으로 추진한 만큼 원격 근무와 재택 근무에 따른 탄력 근무제가 점진적으로 확대될 것이다. 앞으로 기업들의 근무 형태 변화는 어느 순간 급물살을 탈 때가 올 것이다. 갑작스러운 변화로 인한 혼란을 줄이기 위해서는 근본적인 불통의 원인 파악과 해결책이 필요하다. 그 초석의 하나로 기업과 구성원들이 개방적인 태도를 갖는 것이 중요하다. 이 책에서는 유연 근무제의 시도와 정착에 방해되는 요인으로, 전통적인 업무방식 고수와 성격별 업무 관리 방식, 행동 유형에 따른 생존본능과 두려움, 그리고 사무실 근무와 원격 근무 시의 업무 소통 방식을 그 문제점들로 파악하고, 그 원인에 대해서 상세하게 다루려고 한다.

02

# 조직에서 무엇을 얻을 수 있는가?

•

디딤돌로 삼기

## 조직에서 얻을 수 있는 것은 다 얻어라

기업들이 2000년도 초부터 여러 시도를 거치면서 각 기업의 상황에 따라 호칭 및 직급제 부활과 폐지를 반복하면서 2017년 3월부터 기업들의 직급제에 다시 변화의 바람이 불면서 정착되고 있다. 커리어 밴드Career Bands(개인의 역량 발전, 경력 개발 체계를 급여 밴드에 반영)와 브로드 그레이드Broad Grades(전통적 직무 등급 수를 줄여 개인 성과 및 급여 상승 조정)와 같이 프로젝트 수행평가로 어떤 상황에서도 제 기능을 다할 수 있는 전천후 인재들의 역할이 더 중요시되고 있다. 근무년차가 다른 직원들이 많이 섞이면서, 예를 들어 사원(1~2년)—선임(3-4년차 대리)—책임(과장~부장)—임원으로 직급체계가 간소화되어 경영환경 변화에 신속히 대응하고 더욱 수평적, 창의적, 자율적인 조직문화를 만들려고 하고 있다. 임원들과 경력직원들을 관리자가 아닌 다시 일선 현장으로 돌려보내기 위한 목적으로, 감독만 하는 것이 아니라 후배들과 같이 머리를 맞대고 연구하고 지도하면서 베테랑 경력자들이 가지고 있는 부가가치를 확신시키기 위한 것이다. 1990년대 후반에 '상사 없는 경영' '자율경영팀' '팀제'의 진정한 부활이라고 정리할 수 있다. 그렇다면 우리는 이런 상황에서 조직에서 무엇을 얻을 수 있는가?

**첫째, 미래의 파트너를 얻을 수 있다**

우리는 만남을 통해서 서로 깊이 영향을 주고받는다. 한 배에 탄 팀원뿐만 아니라 상사와 부서원 관계는 특히 연관이 깊다. 인간관계를 경제이론에 이용한다고 하면 삭막하다고 생각할 수도 있겠지만, 사람과 사람 사이의 관계에도 적용된다는 것이 현실이다. 직장 생활을 하면서 파레토 법칙(80대 20)을 활용하자. 인맥관리 차원에서 하는 이야기가 아니다. 당신의 지기(知己, 자기의 속마음을 참되게 알아주는 친구)를 찾는 것은 중요하다. 우리가 직장생활을 하면서 경쟁 구도 속에서 서로의 이해 관계가 얽혀 있기 때문에 대부분의 동료들은 퇴사와 동시에 멀어진다. 하지만 자신과 같은 생각을 하고 비전을 공유할 수 있는 파트너는 필요하다. 직장인, 사회인으로서 최소한 믿을 만한 4명(20퍼센트)의 협조자로 당신 마음의 80퍼센트를 채워라. 경험을 함께 공유하고, 서로 존중하며 협조를 구하고, 존경과 신뢰의 관계를 쌓을 수 있는 상사와 선배 중에서 당신의 후견인 역할을 해줄 1명, 동료 2명, 후배 1명을 당신의 20퍼센트의 VIP, 즉 주요인물로 새겨두자. 당신이 독립할 때 당신의 비즈니스를 지지해주고, 격려해주며, 염려하며 함께할 사람들이다.

### 둘째, 직업적 자기 개념을 확고히 할 수 있다

자기 존중감을 가지자. 조직의 일원으로 일하면서 동료들과 끊임없이 교류하며 상호 작용을 통해 자신의 효능을 만들고 입증해야 한다. 동료나 상사의 관계에서 대화와 협상으로 상황을 조율하고 성과를 내면서, 자신이 꽤 괜찮은 사람이라는 자기 개념을 형성해야 한다.

### 셋째, 최적의 조합으로 협업 작업을 하라

현대 디지털 과학의 산물은 라이트 형제가 비행기를 발명한 것처럼 일부 천재 과학자가 만들어내는 것이 아니다. 오늘날 스마트폰이나 자율주행차 등 최신 제품들은 여러 가지 고도의 기술과 다양한 아이디어 디자인 씽킹으로 탄생한 콜라보레이션collaboration의 산물이다.

"나는 나 이전의 마지막 사람이 멈추고 남겨 놓은 것에서 출발한다." 토머스 에디슨이 1879년 11월 4일에 제출한 특허 신청서 첫 부분이다. 실제 1천 건이 넘는 특허를 낸 에디슨은 많은 사람의 이름을 대표하는 집합명사라고 할 수 있다.

새로운 혁신을 이뤄내기 위해서는 분야와 부서의 경계를 허물고 콜라보레이션을 해야 한다. 그런 의미에서 기업과 대학교는 최적의 인적 자원과 물적 자원으로 협업 작업을 할 수 있는 전초 기지가 된다. 자신이 조직에서 누릴 수 있는 모든 것을 마음껏 시도하고 실험해보자.

## 직장에서 역량을 강화할 디딤돌을 만들어라

자원과 인력이 풍부한 직장에서 디지털 노마드 창업가를 미리 준비하자. 회사 업무에 치여서 허덕이는데 창업가 준비를 어떻게 하느냐고 반문할 수도 있다. 하지만 조금씩이라도 시간을 내어 준비하지 않는다면 누구도 확실히 예측하지 못하는 미래의 변화에 어떻게 대처하겠는가?

우선 직장에서 자신에게 투자하는 법을 알아야 한다. 저금리 적금식의 생계 유지 상황에서 점차 벗어날 준비를 해야 하는 것이다. 직장에서 업무 전문성을 기르고 성과를 관리하는 과정은 프리랜서 에이전트로서 준비를 하는 것으로, 이는 고금리 저축성 보험이라 할 수 있다. 창업 후 1년에서 3년을 버티는 사업가를 찾아보기 힘들다. 회사를 그만두고 시장에 나와 보면 바로 알게 된다. 성공이 보장되어 보이는 의사나 변호사처럼 안정된 전문직 역시 개인병원이나 법률사무소를 접고 다시 조직에 들어가는 경우를 주변에서 많이 본다.

조직에 맞는 사람, 창업 같은 개인 사업이 맞는 사람이 따로 있을까? 있다고 본다. 조직이 갖는 가장 큰 문제는 개인의 튀는 아이디어를 최종 선택하지 않는다는 것이다. 시장을 선도하기에는 지나치게 앞선 선견력을 가진 리더나, 남들이 알아보지 못하는 가치를 미리 직감하는 창의적인 인재일수록 조직을 더 일찍 벗어나길 간절히 원하게 될 것이다. 독창적이고 유연한 사고를 하는데다 사업가적 기질마저 있다면 성공 확률이 높아질 수밖에 없다. 하지만 냉철해질 필요가 있다. 사업가적 기질만으로 안 되는 것이 사업 성공이다. 시장을 읽는 통찰력과 사업 능력을 키우는 게 먼저다. 무턱대고 사업한다고 마음만 들떠서 다니지 말자. 조직은 자신의 모험심과 도전력, 타이밍을 확인할 수 있는 엔진 역할을 할 수 있다. 현실을 잘 살피면서 작은 실험과 시도를 반복하면서 자신의 잠재력을 확인하고 자신에 대해 더 명확하게 알 수 있는 소중한 기회로 삼는다.

기회가 왔을 때 모든 것을 걸어라. 모든 것을 걸어야 승부가 난다. 그리고 위기 때 발휘할 수 있는 필살의 역량을 키우자. 어떤 기술이든 그 기술의 달인이 된다면, 그 기술을 쓸 때 상대방은 대응하지 못한다. 필살기라는 것은 반드시 적을 죽이는 기술이 아니라, 한번 보여줄 때 반드시 적이 '죽어야 하는' 기술인 것이다. 상당히 위협적인 말일 수 있지만, 가급적 자신의 자리가 탄탄할 때 쓰기 바란다. 어설프게 쓰면 안 된다는 말이다. 신입사원이나 경력사원이나 모두에게 해당하는 말이다. 조직에서 당신이 아니면 어쩔 뻔했느냐는 소리를 들어야 한다. 필살기 카드를 발휘해 어떤 형태로든 반드시 플러스 성과를 가져와야 한다.

03

# 트렌드를 읽어라

•

큰 그림 그리기

이 세상이 어느 정도 어떻게 변할지 확실히 알 수는 없다. 어찌 보면 한계가 없어 보인다. 한 가지 분명한 점은 단순한 편리가 아니라 삶의 풍요를 가져오는 방향으로 나아가고자 하는 것이 바로 트렌드라는 것이다. 세상은 더 안전하게, 더 빠르게 진화하고 있다. 각자 속해 있는 산업 분야에서 담당하고 있는 업무와 앞으로 계획 중인 비즈니스를 제대로 하기 위해서는 누구나 트렌드를 읽고 흐름을 탈 수 있어야 한다. 그런 점에서, 기업의 움직임과 소비자의 라이프스타일, 과학자의 전망, 미래학자의 예측에 주목할 필요가 있다.

## 기업의 지각 변동

지금 국내를 비롯하여 전 세계는 5G시대 자동차를 향한 스마트 기술 시장으로 집중되고 있다. 삼성전자, 구글, 애플, 테슬라, 우버도 앞으로는 자동차 회사라고 불리게 될 것이다. 이 말은 현대, BMW, 벤츠가 사람들 머릿속에 첫 번째로 떠오르는 자동차 회사가 아니라는 말이다. 자동차 산업이 다시 기업의 새로운 먹거리가 된 이유가 무엇일까? 바로 IT기술이 접목된 스마트 카smart car 때문이다. 개막한 5G시대에 움직이는 바퀴 달린 스마트폰인 것이다. 빠른 속도, 정보, 콘텐츠 소비를 하는 플랫폼이 된다. 이러한 커넥티드 카connected car, 양방향 인터넷·모바일 서비스가 가능한 차량은 통신 기술이 핵심이다. 스마트폰의 강자가 자동차업계의 강자가 될 확률이 높을 수밖에 없는 이유다. 사람이 탑승한 자율주행차인지 무인자동차인지에 따라, 스마트폰 같은 스마트 카의 기능은 무한해 보인다. 이제 우리는 머지않아 커넥티드 카 안에서 가만히 앉아 원격 업무를 하며 모든 것을 내다볼 수 있는 세상이 되는 것이다.

장미빛 전망만 있는 것은 아니다. MIT Technology

Review에 따르면, 자동차 간 네트워크를 만드는 것은 여전히 복잡한 과제라고 한다. 각 차량에 탑승한 컴퓨터는 다른 차량에 의해 초당 10회씩 방송되는 다양한 판독치를 처리하며, 충돌 임박 가능성을 계산한다('A simple wireless technology promises to make driving much safer', MIT Technology Review). 즉, 자동차끼리 대화하며, 인간이 사고事故, accident를 파악하는 것보다 수십 배가 빠르다. 최근 미국 캘리포니아에서 발생한 자율주행차의 사고는 기존 첨단기술의 자율주행차 안정성에 대한 불안을 가져왔다('Uber will halt autonomous vehicle testing in California after fatal Arizona crash', INDEPENDENT). 그러나 무선으로 주변 장애물과 도시의 복잡한 교통상황, 급작스런 기상악화에 대한 센서를 인식하고, 전체 도시환경과 자동차를 서로 연결시키게 되면 도로 안전에 훨씬 더 크고 더 즉각적인 영향을 줄 수 있다.

## 변하는 라이프스타일

《트렌드 코리아 2018》에서 말하는 10가지 트렌드 중의 하나인 'WAG THE DOGS(꼬리가 몸통을 흔든다)'에서 알 수 있듯이, 조직보다 개인이 중요한 밀레니얼 직장인 세대는 개인형 SNS로 소통하며 자신의 가치 추구와 일치하는 목적을 위해 입사하자마자 퇴사를 꿈꾼다. 산업화 시대의 전통적인 집체 문화를 정면으로 거부하는 이들은 조직 문화를 넘어 사회 전반적인 변혁을 예고하고 있다. 그들은 커다란 성공이나 돈을 많이 버는 것보다 소소하고 일상적인 '소확행', 즉 작지만 확실한 행복이라는 가치를 추구한다. 초고속, 초연결적 네트워크 시대에 아이러니하게도 새로운 사람과 관계 맺기에 좀 더 신중하고, 기능 중심의 합리적인 관계 맺기를 원한다. 관태기(관계 맺기에 권태를 느끼는 현상), 티슈 인맥, 인맥 다이어트 등의 말이 이런 세태를 반영한다. 사치가 아닌 개념소비 등 자신의 가치관과 신념을 통해 '미닝아웃Meaning Out'으로 신념을 소비를 하고자 한다('안녕? 무술년! ② 2018 대한민국 트렌드 키워드 10'. 부산일보). 첨단 기술의 발전은 사람 접촉이 점점 없어지는 키오스크Kiosk, 드론Drone 배송, VR쇼핑, 챗봇Chatbot 등의 언택트Untact 기술로 이어지면서. 모든 서비스는 비즈니스 모델의 핵심이 되고 있다.

이렇듯 가까운 미래의 라이프스타일도 숨이 찰 정도로 변화되는데 더 멀리 가보는 미래는 어떠하겠는가? 기술에는 전진은 있고 후진은 없다 보니 그 안에서 인간들은 첨단기술을 영위하면서 더욱 인간다운 삶을 추구할 방법을 찾으며 변화해갈 것이다.

## 미래 예측으로 변화를 가늠해보자

미국 다빈치 연구소The DaVinci Institute의 미래학자 토머스 프레이Thomas Frey는 아프리카는 대기 중의 물웅덩이에서 충전해서 공급받게 될 것이고, 2024년까지 전 세계에 1조 개의 센서가 의복, 피부, 건물 등에 존재할 것이며 2036년에는 100조 개의 센서가 생성될 것이라고 전망했다. 일자리 전망에 대해서는, 신흥적인 기술은 일자리를 빼앗는 것이었지만 사회에 초인적인 능력과 더 빨리 생각하고 알고 할 수 있는, 즉각적인 접근을 제공하는 것이 가능해짐으로써 2030년에는 더욱 빠른 사회 변화의 진행으로 평균적인 사람들이 그들의 경력을 여섯 번이나 재부팅할 것이라고 말했다('Futurist Thomas Frey predicts by 2030 people will rely on billions of drones and sensors to live', IMPACT LAB).

2030년은 불과 12년도 채 안 남지 않았다. 과연 2030년에 더욱 획기적인 놀라운 변화들이 가능할까? 첨단과학의 발달과 로봇의 생산성으로 빈곤이 사라질 것이라고 예측한 사람들도 있지만, 이 예측들이 모두 현실화되는 것은 아닐지라도 현실화되는 과정, 즉 4차 산업혁명의 진행에 따른 일자리 문제와 빈곤 문제로 인한 혼란은 훨씬 더 심각해질 가능성이 있다. 미래가 어떻게 흘러갈지 정확히 예측할 수는 없지만, 분명한 것은 우리가 여전히 숨쉬며 현장에서 뛰고 있을 것이라는 것이다. 현재 시점에서 20대 후반의 직장인들은 50대 후반이 된다. 인간 수명 100세 시대를 훌쩍 넘을 30여 년 후에 우리가 어떤 위치에서 어떤 역할을 수행하고 있을지 예측되는가? 미래는 아는 만큼 대비할 수 있다. 그래서 급격한 변화를 겪게 될 미래 사회에서 살아남으려면 2030년, 2050년에 가져올 과학기술의 발전상을 바로 보고, 예측해 대응해야 한다. 미래학자와 과학자들의 움직임을 놓치지 않아야 하는 이유가 거기에 있다.

## 디지털 시대 직장인 노마드 인재가 되는 법

### 민첩하게 행동하라

디지털 시대의 직장인 노마드가 되기 위해서는 시대의 징후를 잡아야 한다. 우선 민첩한 행동력이 중요하다. 견문을 넓히고 기존 지식과 새로운 정보를 연계하는 것을 습관화해야 한다. 한 곳에만 머물지 않고 이동하는 노마딩Nomading 정신으로 문화와 기술을 흡수하며, 한 가지 분야의 흐름을 철저히 쫓음으로써 그 분야의 전문가에 버금가는 실력을 갖추자. 기술 분야도 좋고, 패션 분야도 좋고, 문화예술 분야도 좋다. 특정한 것을 하나 선정해 추적하면, 이 과정에서 각종 연관정보를 자연스럽게 알게 된다. 사건과 현상은 세상에 따라, 세상은 사건과 현상에 따라 움직인다는 것을 알게 될 것이다. 그와 동시에 변하지 않는 것과 변하는 것이 무엇인지도 파악하게 된다. 세상을 관찰하는 사람은 많다. 하지만 그중 일부 사람만 현상 속에서 일정한 질서나 패턴을 발견한다. 당신이 그 일부에 해당되기를 바란다.

### 모든 것을 수치화하라

관찰과 함께 모든 것을 수치화하는 습관을 갖자. 숫자는 비교 대상이 있을 때 가치가 있다. 그중 하나가 '비율' 감각이다. 그 수는 전체에서 어느 정도의 비율인가? 그 수가 속한 전체 수는 얼마인가? 1퍼센트라는 말을 들었을 때 아주 적은 수치라고 생각하는가? 숫자를 들을 때 전체에서 어느 정도 비율을 차지하는지 좀 더 세밀하게 파악할 필요가 있다. 나머지 상황의 자잘한 계산에는 시간을 투자하지 마라. 앞 두 자리까지만 보고 어림하라. 소수점 자리까지 따지고 있다가는 업무를 제시간에 마칠 수 없을 뿐만 아니라, 비즈니스 협상을 주도하기 어려워진다. 물론 생명과 안전을 위한 분야는 한치의 오차가 없도록 소수점까지 따져야 한다. 하지만 응급상황이 발생할 때는 그렇게 세세하게 따지다가 골든 타임 Golden Time 을 놓치는 경우가 발생할 수 있다는 것을 간과하지 말아야 한다. 그래서 인간의 통찰력이 중요한 것이다. 비즈니스에서는 전체적으로 어떻게 흘러가는지 흐름만 파악하면 된다. 나무를 보다가 숲을 보지 못하는 상황이 되어서는 안 된다. 복잡한 세상을 꿰뚫어보려면 전체를 보는 연습을 해야 한다. 10년이면 옛날로 여기던 시대에서 3년, 아니 1년이 옛날로 바뀌는 세상이다. 기술이나 상품만이 아니라, 당신의 기획력과 실행력이 수명도 짧아지는 세상이 온 것이다. 직장 상사와 선배들로부터 배우는 것도 중요하지만 배운 대로만 일해서는 결코 성공할 수 없다. 스스로 상상력을 발휘해서 창조적으로 살지 않으면 안 된다.

### 상사의 검증을 통과하라

일을 추진할 때 직원 한 명이나 임원 한 명이 해내는 데는 한계가 있다. 하지만 기획력을 바탕으로 주도적으로 일을 추진한다면 당신 자신이 거물이 될 수 있다. 상사들은 당신의 기획력을 알아본다. 그런 기획력을 실행으로 옮기는 것을 지원하고 영향력을 미치는 사람이 상사이기도 하다. 당신의 기획이 상사를 설득하는 데 충분하다면 성공은 코 앞에 있다. 상사가 검증 단계임을 잊지 마라. 때로는 상사가 여러 일로 바빠서 당신의 기획안을 천천히 검토하자고 할 때가 있다. 결재 시스템에서 반려되지 않는 한 최고경영자에게 당신의 기획안이 설정된 단계대로 올라갈 것이다.

내가 기획실에 근무할 때의 일이다. 바로 위 직속상사의 반려로 결재 라인이 멈추는 게 아니라 반려되는 상황까지도 최고경영자에게까지 무조건 올라가는 시스템이었는데, 대표의 최종 결재 답변은 이러했다. "뭐, 검토할 필요가 있나요. 다 나와 있는데 바로 그 안案 대로 시행만 하면 되겠군. 본부장, 바로 시행하도록 지시하세요." 지금도 연락하고 지내는 본부장님은 그때 "난 네가 무섭다"고 하면서 웃었다. 분기별로 쉴 새 없이 기획안이나 운영안이 올라오니 처리 못하는 무능한 상사가 되기도 어려웠다 한다. 위와 같은 결재 시스템을 만든 최고경영자와 상사에게 존경을 표하고 싶다. 수준 있는 회사와 상사가 있으면 발전 있는 직원도 있는 법임을 절실히 깨닫는 계기였다.

경영의 본질은 '이윤 추구'가 아니라 '새로운 삶의 창조'라고 한다. 사용자의 숨은 니즈needs나 잠재적 욕구seeds는 파악하기 어렵다. 그래서 우리는 사용자 중심으로 그 환경에 들어가서 직접 질문해야 한다. 모든 과정을 관찰하고 공감하며 문제를 발견하고, 발견한 문제점을 해결하기 위해서 방안을 생각해내고, 정보와 근거를 정리해서 그 과정의 결과물을 보고서로 완성한다. 보고서는 다음 시작을 알리는 것이다. 철저하게 사실을 바탕으로 작성해서 상사를 설득해야 한다. 잘못된 보고서는 올바른 의사 결정을 할 수 없게 해서 회사에 예기치 못한 손실을 입힌다. 일반 직원들이 작성하는 보고서의 가장 큰 문제점으로 경영진의 절반 이상이 '내용에 대한 정보 및 근거가 부족하다'는 점을 들었다.

당신의 기획안이 될 성싶은 나무라고 여겨지면 회사와 상사는 신속하게 움직일 것이다. 당신이 재촉하지 않아도 파트너와 기술, 프로세스를 제공할 것이다. 결국 프로젝트 실행은 상사가 경영진을 어떻게 설득하는지에 달려 있고, 그 추진에는 당신의 기획력이 힘을 발휘할 것이다.

04

# 출근이 자유로운 직장인 디지털 노마드로 하루 살아보기

•

시뮬레이션하기

“내가 세계 어디를 가든지 직장이 나를 따라서 오게 하고 싶다” “혼자 일하고 싶다. 사람들은 일주일에 두 번 정도 보고 싶다” “아침 있는 삶, 저녁 있는 삶을 살 수 있게 일과 개인의 삶이 병행하는 삶을 살고 싶다” 2017년 한 방송국 프로그램에서 출연자들이 꿈을 그림으로 그린 후 나눈 이야기들이다.

그 프로그램에 나온 출연자들뿐만 아니라, 많은 직장인들은 이런 바람이 당장에는 실현하기 어려운 꿈이라고 말한다. 원격 근무나 재택 근무를 할 수만 있다면 봉급 인상도 휴가의 절반도 포기할 수 있다는 생각을 하는 사람들이 많아지고, 생산성과 관련하여 원격 근무가 사무실 근무보다 더 효율적이고 편해지고 있다고 대답하는 사람들이 많아지고 있다.

그렇다면 재택 근무나 원격 근무를 한다는 것은 어떤 것일까? 재택 근무나 원격 근무에서 중요한 것은 혼자 근무하는 것이 아니라, 멀리 떨어진 상태로 협업한다는 인식을 갖는 게 중요하다. 원격 근무를 하는 사람들의 하루를 시뮬레이션으로 들여다보자.

## 스마트 워크 센터+ 재택 원격 근무

시간과 장소에 얽매이지 않고 언제 어디서나 일할 수 있는 체제(재택 근무+ 모바일 근무 + 스마트 워크 센터)

나는 광고회사 기획 책임으로 원격 근무를 시작했다. 주 2회는 스마트 워크 센터에서 근무하고, 주 3회는 재택 근무를 한다. 클라이언트와 면대면 회의가 필요할 경우는 이동하면서 모바일 오피스로 업무를 처리하며, 외근도 한다. 본사 팀장으로부터 스카이프Skype 메신저로 수정 요청을 받으면 이를 반영하여 결과물은 사내 클라우드에 올린다. 대부분 화상미팅으로 부서의 정기적인 회의와 보고를 하고, 정보 수집은 대체적으로 센터에서 한다.

집에서는 오히려 고도의 몰입이 필요한 작업들을 한다. 아이가 학교와 학원을 가 있는 동안과 저녁에 가족이 잠든 시간에 최고도로 집중해 일을 한다. 아이를 깨우고 등교시키느라 시간 확인을 하며 바쁘게 움직이지만, 늦게까지 일하고 돌아와 아침에 겨우 일어나서 아침마다 온 가족이 전쟁을 치르는 상황은 사라졌고, 마음에 여유가 생겼다.

스마트 워크 센터 근무가 있는 날은 9시 20분쯤에는 서서히 준비를 한다. 같은 구에 위치해서 지하철을 타고 이동한다. 두 정거장만 가면 도착한다. 스마트 워크 센터에 10분 정도 걸려 도착해서 출근 시간인 10시 전에 출근 리더기에 카드를 대면, 터치스크린을 통해 좌석을 배정받는다. 이와 동시에 해당 직원과 본사의 직속 상급자에게 출근 여부를 알리는 메시지가 전송된다. 전산 시스템을 통해 근태, 보안 등을 처리할 수 있어서 자유로운 업무 환경이 가능하다. 본사의 근태 관리 시스템과 연계되어 인사고과에 반영되고, 프로젝트 관리 툴을 이용해 팀원들과 협업한 성과를 관리한다. 쾌적한 휴게실도 있고, 콰이어트 룸quiet room에서 전화 업무를 처리한다. 화상 회의실을 이용해서 본사와 다른 스마트 워크 센터에 근무하는 부서원들과 회의를 한 후, 협업 소프트웨어를 통해 문서와 파일, 프레젠테이션, 다른 데이터를 동시에 공유하고, 채팅으로 그룹 회의를 통해 의견을 나눈다.

주2회 스마트 워크 센터 근무날(10시~18시)에는 아이 하교를 친정 부모님께 아직 부탁하고는 있지만, 나머지 재택 근무날에는 집에서 근무를 마친 후에 차를 타고 3시 아이 하교 시간에 맞추어 초등학교로 간다. 아이는 무인자동차가 있다면 자신을 데려다 줄 거라며 학교에서 수업을 받는 동안 학교 옆 공영주차장에 놓아두면 된다고 아침부터 흥분해 있다. 이렇듯 학원에 데려다주기도 하고, 집으로 바로 돌아와 간식도 챙겨주고 공부를 봐준다. 긴급하게 처리할 일이 있을 때는 역시 요일제 원격 근무와 본사 사무실 근무를 하고 있는 남편에게 부탁을 한다.

예전에는 꿈도 꿀 수 없었던 여유로운 저녁 준비도 하고 가족과 평일에 뮤지컬과 음악회도 편안하게 갈 수 있게 되었다. 학교 학부모 행사나 아이들 발표회도 이제는 모두 참석한다. 이제야 우리 가족의 모습을 제대로 찾은 듯하다. 일에 대한 자부심과 몰입도도 올라가서 성과 측면에서 회사의 평가도 올라갔다. 아이 방학에 맞춰서 재택 근무를 한 달간 신청해 가족 모두 호주로 건너가 일하며 살아볼 계획을 가지고 있다.

## 프로그램 개발자의 전일 재택 근무

재택 근무는 대부분의 근무일을 재택 근무로 하는 '상시형'과 근무일 중 일부는 재택 근무를 하고 일부는 사무실에 있는 '수시형'으로 나뉜다.

개발자들은 사실 장비 문제로 회사 연구실이나 사무실에서 근무할 필요가 있지만, 나는 IT 기능 개발 부문의 일을 맡고 있어서 장소에 크게 구애 받지 않는다. 재택 시범근무를 실시한 후 상시 재택 근무로 결정이 났다. 업무는 데스크탑 PC로 하지만, 출근은 노트북으로 화상으로 확인한다. 처음에는 화면으로 부서원의 얼굴 보는 것이 어색했는데, 나중에는 실물 보는 게 더 어색해질 것 같다며 서로 웃었다.

실리콘밸리에서나 가능한 줄 알았던 일이 내게도 일어난 것이다. 난생 처음 일어나서 1분 만에 출근을 했다. 사무실 근무할 때는 아침형 인간이 아닌 개발자들 특성상 야근을 많이 해서 출근 시간이 늦었다. 론칭을 앞두고는 그냥 밤을 꼬박 새우는 날이 많았다. 평일에는 주로 11시에 출근해서 밤 8시에 퇴근했는데 원격 근무를 시작하면서 9시~5시로 변경되었다. 몰입도가 엄청나다. 처음으로 3시간 동안 화장실도 안 가고 일만 했다. 사무실에 있으면 업무를 하다가 회의하느라 이동하느라 일에 집중할 수 없었고, 혹시라도 동료가 말을 걸면 1시간을 집중하기 어려웠다. 일의 흐름이 끊겨서 다시 집중하려면 시간이 더 걸릴 때도 많았다. 팀과 함께 정한 내 과업표와 내가 달성하고자 하는 목표를 보며 달려본다.

갑자기 혼자 일을 하려니 적막감에 동료도 그립고 외로움도 살짝 느껴진다. 하지만 화상채팅과 화상회의를 통해 매일 정해진 시간에 회의를 하면서 그런 부분이 다소 해결되었고, 아직까지 의사소통에 큰 문제는 없다. 중요 사안과 서로의 일정 확인도 사무실에서는 구두로 대충 끝내서 다시 물어봐야 했는데, 행아웃hangout, 이메일e-mail, 슬랙slack을 사용하면서 텍스트로 함께 바로 확인할 수 있어서 불필요한 시간 낭비가 없다. 답변도 사무실 근무 때보다 신속하게 온다.

유연하게 내가 주도적으로 판단하고, 집중도 있는 시간에 일을 한다는 점이 가장 마음에 든다. 몰입해서 일을 하니 1~2시간의 여유도 생긴다. 내일은 브런치 카페에 가서 모바일 업무도 해볼 생각이다. 늦은 오후에는 그동안 못 만났던 친구를 만나 맥주를 한잔 하면서 제주도 한 달 살기 계획도 세워봐야겠다. 그곳에서 해안도로를 따라 자전거도 실컷 탈 생각이다. 물론 원격으로 업무를 하면서 말이다.

어제부터 나는 우리나라와 미국의 온라인 MBA학위 과정을 알아보고 있다. 저녁이 이렇게 여유로운 적이 있었나 싶다. 내가 발전하고 있다고 느껴지고, 나와 내 주변을 돌아볼 여유가 한 층 더 생긴 건 분명하다. 그리고 이제 나는 일 중독이 아니라 영리하게 일하고 있다는 생각이 든다.

## 사무직의 전일 재택 근무

나는 한 회사에서 8년째 회계 업무를 하고 있다. 이사 후 출퇴근 시간이 거의 4시간이 되자 힘들어서 이직이나 퇴직을 생각하고 있었다. 대표에게 전달하니 "그래요? 집에 컴퓨터 한 대만 있으면 되잖아?"라고 한다. 몇 달간 잠도 제대로 자지 못하고 고민했는데 한순간에 문제가 해결되었다. 그렇게 나는 재택 근무를 하게 되면서 더 정확하고 신속하게 일하기 위해 분주히 움직였다. 집안 일이 더 많아진 것 같기도 하지만 아이와 함께할 시간이 많아져서 행복하다. 이제는 사무실 근무가 낯설어질 것 같다.

처음에는 적응을 위해 한 달에 1회 집중 회의와 업무 처리를 위해 2시간 정도 출근을 했다. 최근에는 기업용 메신저가 도입되었고, 사무실 밖에서 화상회의를 하게 되어서 이런 출근마저도 필요 없어졌다. 원격 툴에는 기능이 아주 다양해서 원격으로만 일을 처리하는 게 가능해졌고, 굳이 도로에서 시간과 비용을 허비할 필요가 없다. 간혹 동료들이 보고 싶을 때도 있는데, 회사 워크숍이나 모임에서 동료들을 만나서 유대감을 다진다. 일과 가정을 양립할 수 있다는 점에서 나는 안정감을 느낀다.

## 실리콘밸리 기업의 원격 근무

나는 실리콘밸리 IT유니콘 회사에 근무하며, 마케팅 일을 하고 있다. 나는 샌프란시스코로 이주하지 않았다. 여기는 서울이다. 가족과 떨어지지 않고도 외국 기업에 근무를 할 수 있게 된 것이다. 인터넷과 노트북, 소프트웨어 몇 개 정도면 충분하다. 언제 어디서나 원할 때 일할 수 있는 자유가 있는 기업 문화로 전 세계에 흩어져 있는 다양한 동료들과 팀을 이루어 일을 한다. 프리랜서 디지털 노마드의 꿈을 더 이상 꾸지 않아도 된다. 클라이언트와 대면 미팅이 필요할 때도 있지만 그 외는 클라이언트도 행아웃으로 대화하는 것을 좋아한다. 불필요한 이동으로 인한 시간 낭비를 막을 수 있고, 필요한 자료와 정보는 바로 제시해서 더욱 만족스럽다.

지금 나는 원격 업무를 할 수 있는 가방 하나만 들고 싱가폴에 와 있다. 몇 달 간 아시아를 모두 돌아볼 계획이다. 여행을 하다 피곤하면 언제든 집으로 돌아오면 된다. 세계 곳곳에 흩어져 있는 우리 회사 팀원들을 만나는데, 화상으로만 보다가 실제로 얼굴을 보니 더 반갑고, 서로 신기해한다. 세계 어느 나라를 가든 동료가 있다는 것은 축복이다. 재택 근무를 할 때는 가끔 적막감에 외로워하는 사람들도 있지만 난 이것저것 하고 싶은 일이 많아서 외로움을 타지는 않는다.

1년에 한 번 회사 차원에서 전 직원이 여행을 함께 간다. 우리나라 부산에 회사 직원들 전원이 2주간 여행을 오기도 했다. 여행을 오면 브레인 스토밍도 하고, 프로그램 아이디어도 그 자리에서 결정이 나고 개발에 들어간다. 채팅 툴은 슬랙을 쓴다. 시차 탓에 가끔은 한국 시간으로 밤에 회의에 참가해야 할 때도 있다. 시차가 차이 나는 곳에 있는 팀원은 긴급 사항 외에는 의무적으로 참석해야 하는 것은 아니지만,

팀원 간의 소통을 위해 열심히 참여한다. 회의는 매일 한다. 원격 회의와 한눈에 볼 수 있는 다양한 프로젝트 원격 툴을 이용해 서로의 일과와 프로젝트 진행 상황을 확인하고 공유한다.

업무 시간이 정해져 있지 않아서 나는 자율적으로 일정과 시간을 관리한다. 주로 오후에는 서점을 자주 간다. 새로운 책을 읽고, 운동도 하고, 가급적 바깥 활동을 일정에 꼭 넣으려고 한다. 대신 오전과 저녁에 일을 한다. 오전과 저녁이 집중이 잘되기 때문이다. 오후는 자기계발과 문화생활에 시간을 쏟는데, 업무에 신선한 시각과 아이디어를 구하는 나만의 비법이다. 아침 6시 30분에 일을 시작한다. 예전에는 상상도 못했을 시간대다. 그래서 오전 12시에 일일 개인 목표 업무가 다 끝날 때도 있다. 이런 상황이 오면 내가 더 당황스럽다. 일을 당겨서 더 해야 하나, 라는 생각이 스치지만, 더 이상 무리하게 욕심 내서 일하지 않는다. 저녁은 아침에 해놓은 일을 점검하는 시간대로 잡았다. 아침에는 미처 발견하지 못했던 내용뿐만 아니라, 동료들과의 회의 내용을 반영하고 오후 자유활동으로 얻은 창의성을 접목하는 시간이다.

05

# 근무 시간을 줄이기 위한 임무

파레토 법칙과 파킨슨 법칙

## 중요한 일만 하라

사무실 근무를 하다 컴퓨터 오류가 나서 기본 30분은 허비하는 경험을 해보았을 것이다. 컴퓨터 기기를 가장 잘 아는 전산실에 요청을 하도 많이 하니, 전산실에서는 팀의 과제인 프로그램 개발 업무를 할 시간이 당연히 부족해진다. 오죽하면 회사 연말파티에서 각 부서원들 동영상을 찍어 메시지를 보냈는데, 전산실에서 "제발 껐다 켜주세요. 플리즈!" 하는 영상을 연출했을까. 동료들은 폭소와 함께 미안한 마음을 가지며 공감했지만, 사실 이러한 일로 근무 시간 안에 중요 업무를 처리하지 못하고 야근을 하거나 일이 연기되는 상황으로 이어진다. 솔직히 마감 기한이 있는 업무가 쌓여 있을 때는 정말 속이 타 들어간다.

근무 시간을 줄이기 위한 미션이 성공할 수 있으려면 일의 우선 순위와 경중에 따라 멀티로 처리하는 능력도 필요하다. 근무 시간을 줄이기 위해 중요한 일로만 업무를 제한하거나 불필요한 일을 하지 않기 위해 근무 시간을 줄여 중요한 일만 처리하게 하는 방법을 모색해야 한다. 현장에서 이 점을 염두하고 일의 순서를 정하고, 때로는 집중업무 시간대를 두어 타 부서의 긴급하지 않은 업무 협조에 제한을 두는 시점을 잊지 말기 바란다.

중요하고 긴급한 일을 코 앞에 두고 데이터 정리를 지시하고 심부름을 시키는 상사나, 당장 해결해야 하는 문제도 아닌데 자신의 일에 대한 성과나 상사와의 문제, 개인적인 고민을 가지고 시도 때도 없이 찾아오거나 메신저 메시지를 보내는 동료는 업무 방해 요소가 맞다. 근무 시간을 줄이려면, 이런 상황부터 차단하는 것이 현명하다. 매몰차다고 생각하지 말자. 물론, 미국 실리콘밸리 기업의 경우 원격 잡담을 권장하기도 한다. 잡담을 하면서 재미가 생기고 협업 아이디어가 나와서 오히려 성과를 가져온다는 것이 그 이유다. 틀린 생각은 아니지만, 그 잡담이 앞서 언급한 것처럼 푸념과 허비, 갈등을 조장하는 내용들이라면 문제가 심각하다. 사무실 근무에는 이런 문제가 종종 발생하다 보니, 워크 앤 밸런스 근무 형태가 시작되면서 업무 생산성을 높인다고 사내 직원간 잡담을 금지하고 능률이 떨어지는 오후 3시와 퇴근 1시간 전 벨을 울리며 집중 업무 시간을 정해 놓기도 한다. 그 외 시간인 커피 타임과 직원들 수다 시간은 근무 시간에서 빼기도 한다.

우리나라와 같이 단기간에 급격한 경제성장을 이룬 경우, 파레토 법칙보다 시간을 '분分' 단위로 쪼개는 것이 당연한 일이었다. 주어진 업무 안에서 성실하게 일을 수행해야 했고, 야근이나 주말에도 일을 하는 일중독자들을 양산했다. 하지만 자신의 성과와 브랜드를 만들어야 하는 요즘 시대에는 시간도 효율적으로 활용해야 한다. 시간보다는 중요 업무에 집중할 수 있도록 동기 부여와 탄력 있는 근무 시간을 허용하는 것이 관건이라고 본다. 그리고 마감 시한이 분명한 중요 사안의 경우 자율적으로 시간을 더 투자하면 그에 상응하는 급여와 성과 인센티브에 대한 선택의 기회를 주는 것이 훨씬 발전 있고 도움되는 방법이다.

## 스마트한 마감 시한을 정하라

근무 시간에 지금 온 힘을 다 해서 집중해야 할 일은 피할 수 없는 0순위의 긴급한 일이다. 1순위는 1시간 이내에 처리해야 할 중요한 업무(개인 업무, 협업 업무, 고객 미팅)로, 대체로 당일 끝내야 하는 업무다. 2순위에는 다음날로 일정을 다시 조정할 수 있는 업무나 3개월~6개월 이상 시간이 걸리는 프로젝트를 둔다. 장기적으로 바라봐야 하는 일을 3순위, 굳이 핵심 근무 시간에 집중하지 않아도 되는 일은 최하위 순위로 보고 0순위와 1순위부터 집중해 나간다.

그렇지 않으면 파킨슨 법칙Parkinson's Law처럼 어떤 일이든 주어진 시간이 소진될 때까지 늘어지게 되는 것이다. 예를 들어, 주어진 6시간 동안 일을 하려면 6시간을 채워서 일을 할 것이고, 8시간이 주어지면 8시간을 꽉 채우게 된다. 예정되어 있거나 기한이 정해진 일을 평소에는 일이 손에 잡히지 않다가 막바지에 서둘러 일한다든지, 업무량과 무관하게 인력 충원이 계속 필요하게 된다는 것이다. 하지만 평소 6시간, 8시간 하던 일을 만약 3시간, 4시간 안에 끝내고자 한다고 했을 때 어떻게 될 것 같은가? 2순위, 3순위의 시간낭비 요소를 차단함으로써, 실제 그 시간 안에 거의 끝낼 수 있는 일이 생각보다 많다. 이렇듯 일이라는 것은 스마트한 마감 시한을 정해야 발전이 있는 법이다.

## 20퍼센트의 우선 과제가 80퍼센트의 성과를 가져온다

파레토 법칙에 근거해 판단해서 자신의 프로젝트와 할 일 목록을 자세히 살펴보자. 그중에서 약 20퍼센트의 우선 과제priorities들이 당신이 맡은 모든 업무의 80퍼센트의 성과를 가져오는 일이다. 할일 목록To Do List은 단순히 일정을 확인하기 위해 만드는 것이 아니다. 무엇을 무엇부터 언제 누구와 함께 처리할 것인지 구체적인 상황 판단을 계획하고 정리하기 위한 것이다. 당신이 일정관리 앱에 처음부터 목록을 기록하면서 할일 목록을 깔끔하게 정리하는 것은 에스컬레이터를 까는 것과 같다. 그와 동시에 그 목록을 비우고 채우는 작업을 하는 것이 협업의 첫 번째 단계다.

## 완벽주의보다 맵핑mapping 사고를 하라

완벽주의perfectionism는 때때로 걸림돌이 된다. 마지막 10퍼센트의 업무 성과는 과연 중요한 것인가? 일부 경우에는 중요하지만 항상 중요한 것은 아니다.

늘 스스로 질문을 할 필요가 있다. 여기까지 하면 잘 하고 있는 건 아닌가? 내가 가장 잘하고 내게 가장 큰 성과를 가져다주는 일은 무엇인가? 다음 단계는 어떤 일을 해야 일을 완성하는데 도움이 되는가? 지금 하고 있는 업무와 프로젝트에 더 많은 시간을 투입할 필요가 있는가? 필요하다면 어느 정도의 기한을 가지고 해야 하는가? 지금 이 시간에 달리 더 처리해야 할 중요한 일들이 있는가? 시간을 절약해서 다른 일들을 처리한다면 어떻게 될까?

나는 일을 할 때, '하고 있는 것Being Doing', '중단해야 하는 것Stop Doing', '가치 있는 일을 계속하는 것Continue Doing'으로 분류하며 우선 순위를 정하고 선택을 한다.

스스로 이런 질문을 던지고 대답하는 과정을 통해서 시간을 더 투입해야 하는 행위와 그렇지 않은 행위를 구분할 수 있을 때 가장 중요한 일에 집중할 수 있다. 물론 실천하기 힘든 행동 유형의 사람들도 있다. 하지만 힘들 뿐이지 행동하며 마음을 먹으면 변화하는 자신을 발견하게 된다. 그 내용에 대해서는 PART 3에서 좀 더 상세하게 다루기로 한다.

06

# 직장인 디지털 노마드로 살아가는 자세

방향성

직장인 디지털 노마드로 살아가기 위해서는 어떤 자세를 취해야 할까? 우선 전문가다운 모습을 보여야 한다. 피트니스 클럽에서 운동하듯이 거르지 말고 연습하자. 성장 마인드도 키워야 자신의 것이 된다.

## 첫째, 등대의 위치를 파악하는 습관을 갖는다

회사의 공동 목표와 팀의 목표, 자신이 달성할 세부 목표를 단계별로 파악하는 것은 기본 중의 기본이다. 현재 할 필요가 없거나, 하지 말아야 할 일을 하며 시간을 보내고 있지는 않은지 수시로 확인한다. 그리고, 지속성이 떨어지는 일은 하지 마라. 하고 싶은 일을 하지 말고, 놓치지 말아야 하는 일에 집중하자.

당신의 상사는 등대 역할을 하는 등대지기다. 상사나 슈퍼 리더의 움직임을 살피고 질문을 해서 명확한 방향을 잡아라. 업무 지시가 불분명한 상사에 대해서는 눈치껏 알아서 일을 처리한다. 비위를 맞추는 일은 아무 도움이 되지 않는다. 그리고 업무에서 발생할 수 있는 문제를 예상하고 회의에서 명확하게 질문하고 논의하자. 지시나 명령은 직속 상사에게 받아야 혼선이 없다.

때로는 타 부서의 상사가 갑자기 부탁하는 일이 생긴다. 짧은 시간 동안 처리할 수 있는 협의된 업무 지원과 정보 공유 차원의 일을 제외하고는 직속 상사에게 보고해서 일의 우선 순위를 정하는 것이 시간 및 성과 관리에 도움이 된다.

### 둘째, 돛단배의 돛을 정비하라

자신의 하루 컨디션을 관리해라. 몸과 마음은 업무를 추진하는 돛이다. 돛이 찢어지지 않도록 가지고 있는 보유 능력을 정비해야 한다. 더 튼튼한 돛을 마련하도록 점검한다. 업무를 안 하고 싶어서 안 하는 사람은 없을 것이다. 컨디션이 좋지 않아서 집중을 잃고 무심코 하는 실수가 더 흔하다.

중요한 것은 실수를 줄이는 시스템을 만드는 것으로, 그것이 바로 컨디션을 관리할 수 있는 방법이다.

**셋째, 스스로 바람trend을 타라**

사내에서 공식적으로 어떤 일을 시도하겠다고 약속하라. 스스로 도망가지 못하게 상사와 동료들에게 약속하고, 이와 동시에 다양한 능력을 갖춘 상사와 동료들과 토론하고 논의하고 반박하는 과정을 즐겨라. 그리고 조직과 팀원들의 다양한 공식적인 도움도 받아라. 항해하는 동안 바람 소리, 즉 산업과 소비자의 트렌드를 경청으로 잡아내야 한다. 사건이 발생하게 된 맥락, 배경, 의도 등을 파악하면서 듣는 것이다. 이러한 고급 경청 능력을 키워야 한다. 상황을 읽을 줄 알면 핵심과 방향을 잃지 않는다.

**넷째, 빛을 따라 목적지에 정박한 후에는 또 떠나라**

성공한다는 확신을 갖는 것은 매우 중요하다. 하는 일에 의욕을 갖고, 계획적으로 업무를 수행하여 결과를 얻어라. 80퍼센트의 세 잎과 20퍼센트의 네 잎이 어우러진 목초지를 얻어라. 그리고 목장을 살피고 관리하라. 다시 한번 새로운 목초지를 얻기 위해 나아가라. 목초지에 양을 풀어놓으면 계속 먹고 살이 찐다. 창자가 막혀 죽을 때까지 먹는 양도 있다. 그래서 목동은 적당히 먹인 후에 더 못 먹도록 양을 모는 일을 한다.

### 다섯째, 평균을 지향하지 마라

자연 상태에서 네잎 클로버를 찾을 확률은 만 분의 1이다. 1950년부터 네잎 클로버 씨앗의 발견으로 인공 재배가 가능해졌지만, 사람들은 여전히 세잎 클로버가 가득한 풀밭에서 돌연변이 네잎 클로버를 찾으면 행운이 올 거라고 생각한다. 자신이 직접 네잎 클로버가 되는 역량을 발휘해야 한다. 직장에서 평균지향적으로 업무에 한계를 두거나 다른 직원들과 똑같이 대우해달라고 요구할 게 아니다. 돌아가며 승진하는 식의 수직적 직급제도는 조직에도 개인에게도 전혀 도움이 되지 않는다. 그 대신에 기회를 얻을 수 있는 평등과 공정성을 요구해야 한다. 그 기회를 통해서 자신의 돌연변이(창의성) 가치를 높이고 자신의 보유 역량에 창의성을 더해서 지속적으로 성장해야 한다.

PART

# 3

# 직장인 디지털 노마드의 행동 유형별 관계법

01

# 인간관계가 어려운 이유

원격 근무에서 주의할 점

## 언제 어디서든 매너를 지켜야 한다

원격 근무를 하면 상사 및 동료와의 갈등이 완전히 해소될 것이라고 생각하는가? 일단 스마트 오피스 근무와 원격 근무를 하는 직장인들에게 조사하니 갈등이 줄었다고 말한다. 하지만 직장에서의 인간관계는 역시 쉽지 않다. 매일 얼굴을 마주 보면 표정을 바로 읽을 수 있어서 오해가 없을 수도 있지만, 때로는 화를 참지 못해서 면대면 상황이 갈등을 더 키우기도 한다.

원격 근무의 경우, 언어 소통을 메신저로 하고 이메일을 보내게 되면 어느 정도 말을 다듬는 과정이 있어서 실수를 줄일 수도 있지만, 젊은 세대의 업무 문자 메시지나 이메일 매너는 생각보다 심각하다. 앞서 언급한 전 세계 원격 근무자들의 천국인 실리콘밸리의 깃랩은 호칭, 전화 매너, 이메일 매너까지도 꼼꼼하게 정리한 매뉴얼을 배포한다. 짧은 대화 '톡'이 오가더라도 사람들의 성격이 드러난다. 어느 매체를 이용하더라도 효율적이면서도 예의를 갖춘 형식이 존재하는데, 그 점을 잘 지키면 성격(기질)이나 업무 처리 방식으로 인한 불필요한 오해나 정보 부족을 줄일 수 있다.

## 상생의 길로 갈 것인가, 상극의 길로 갈 것인가

자신과 성격이나 행동 방식이 달라서 다른 사람과 부딪치는 일이 잦으면 흔히 이런 말을 한다. "저 사람과 난 완전 상극이야!" 그 말을 하는 순간, 대화를 더 이상 이어가기 힘들다.

상극은 무엇이고, 상생은 무엇인가? 상극相剋은 두 사물이나 사람 사이가 서로 부딪쳐 맞서거나 해를 끼쳐 어울리지 않는 것을 말한다. 상생相生은 사물 상호 관계에서 한 사물이 다른 한 사물을 발생시키고 촉진시키는 관계를 이르는 말이다. 다시 말해서 상극은 한쪽이 져 줘야 끝나고, 상생은 서로 같이 승리감을 맛보는 것이다. 우리는 자신과 생각이 같은 사람이나 행동 방식이 유사한 사람들과 함께 일하고 싶어 한다. 그 이유는 단순하다. 편하기 때문이다. 갈등을 무조건 피해서도 안 되지만, 생각이나 행동 방식이 다르다면 서로 스트레스로 인한 에너지 소모가 많아진다. 같은 상황에서 왜 저 사람은 이렇게 행동하지? 관점이나 의견이 다르면, difference(차이)를 wrong(틀린, 잘못된, 나쁜)이라고 생각한다. 심지어 자신과 다른 행동을 하는 사람들을 도덕적으로 나쁘다고 판단한다.

예전에 연재되었던 만화 《광수생각》의 "생각이 다르다고 틀린 것은 아닐 것입니다" 라는 에피소드에서 나온 이야기다.

**질문**: (새싹을 가리키며) 무슨 색깔이죠?

**대답**: 초록색이요.

**질문**: (하늘을 가리키며) 무슨 색깔이죠?

**대답**: 하늘색이요.

**질문**: (아직 타지 않은 연탄을 가리키며) 무슨 색깔이죠?

**대답**: 살색이요.

연탄은 무슨 색깔인가? 검은색이다. 사람들에게 물으면 거기서 갑자기 멈춘다. 한 박자 늦은 탄성이 낮은 저음으로 "아……" 하는 소리가 여기저기 나온다. 대답하는 사람이 아프리카 원주민이기 때문이다. 연탄의 검은색은 그들에게 다른 색이 아니다. 다른 인종이 연탄의 색을 살색이 아니라고 우길 수 있는가? 자신의 생각과 행동을 다른 사람들에게 강요하거나 다른 사람들을 판단하는 것은 갈등을 불러온다.

대부분의 사람들은 자신이 아는 것이 전부일 거라고 생각하고, 자신에게 보이고 자신이 보고 싶은 것만 믿는다. 즉, 다른 사람의 입장을 생각하는 것은 그 다음 문제라고 여긴다. 그래서 자신이 보는 게 맞고 그것을 보지 못하는 상대는 틀리다고 한다. 갈등을 어디서 시작하는가? DISC행동유형 모델 철학에서는 이런 차이에서 생겨난다고 한다. difference(차이)는 different(다른, 상이한)일 뿐이라는 것을 깨닫지 못해서 생기는 것이다.

일의 순서를 정할 때도 마찰이 자주 생기는데 이러한 행동의 차이로 얼굴을 붉히고, 기분이 상한다. 어떤 이에게는 급한 일이고, 어떤 이에게는 그다지 중요하지 않은 일이다. '나는 맞고 상대는 틀렸다' '이 문제는 내가 이겨야 하고, 이 문제에서는 당신이 참아야지!'라는 것은 서로 Win-Lose(상극)

으로 가는 길이다. Win-Win(상생)으로 가기 위해서는 문제 중심이 아닌 문제 해결을 중심으로 보는 시각을 가질 필요가 있다.

02

# 자주 하는 행동 유형 파악하기

•

상극과 상생

## DISC행동유형 모델

당신의 상사는 약속을 정시에 지키는가? 세심하고 꼼꼼한 사람인가? 잘 웃고 말이 많은 사람인가? 무뚝뚝한 사람인가? 항상 서두르며 분주한가? 상사의 반복적인 행동에서 연상되는 것이 있다면, 그것이 바로 상사의 행동 패턴이다. 반복적으로 일어나는 인간의 행동을 '행동 유형Behavioral Style'이라고 부른다. 1920년대 미국 콜롬비아 대학 심리학 교수인 윌리엄 마스턴William M. Marston 박사가 연구해서 모형화된 'DISC(디스크)행동유형 모델'은 관찰하기 어려운 내면 요소가 아니라 우리가 일상에서 쉽게 관찰되는 행동으로 접근하고 활용할 수 있어서 비즈니스 현장에서 많이 쓰인다. 상사와의 관계에서 상사의 문제만 인식하지 말고, 그 사람이 어떠한 행동을 하는지 파악하고 그에 맞는 제스처를 취하면 된다. DISC 행동유형 검사는 인간의 행동 유형을 28개의 형용사적 동사로 진단한다. 1, 2차 행동 등 숨겨진 행동이 있기 때문에 정확한 검사를 위해서는 *Personal Profile System*(Carlson Learning Co.1995)의 DISC 개인 프로파일 등 관련 도구를 통해 확인해 보길 권한다.

□ 주도형 D^Dominance^

□ 사교형 I^Influence^

□ 안정형 S^Steadiness^

□ 신중형 C^Conscientiousness^

이 네 가지 유형으로 나눠서 설명하고 있는데, 유형 파악이 빠르기 때문에 비즈니스 상대의 행동 스타일에 맞는 전략을 짜서 협상이나 프레젠테이션을 할 때 적용하여 성과를 낼 수 있다. 요즘에는 경력직 면접을 볼 때 행동 유형을 묻는 경우가 종종 있으니 참고하기 바란다.

상사나 파트너, 클라이언트가 자주 하는 행동이 어떤 행동 유형이고, 그 행동 유형이 갖는 중요 논점과 강점과 약점, 두려워하는 것, 스트레스 받는 요인만 알아도 커뮤니케이션을 성공적으로 이끌기에 충분하다. 단, 행동 유형을 편견의 시선으로 보고 확대해서 비난하면 안 된다. 또한 한 가지 행동만 높게 나타나는 경우도 있지만 DISC 행동 중에서 2가지 유형이 동시에 또는 1차, 2차적으로 나타나는 경우도 있어서 잘 살펴봐야 한다.

## 직장 동료들의 행동 유형을 파악하자

이제 직장 생활에서 만나는 사람들의 행동 유형을 찾아보자. 기업체 강의와 워크숍, 직장 생활을 하면서 행동 유형별 그룹 활동에서 발표한 내용을 정리했다. 이 책에서 전반적인 응용법을 설명할 것이므로 행동별 패턴을 머릿속에 잘 정리해두자. 네 가지 행동 유형은 좋고 나쁨의 구분이 아니라 단지 다를 뿐이며, 윤리 도덕적으로 판단할 문제도 아니다. 한 사람의 유전적 요소와 오랜 습관, 자라면서 접한 환경의 결합으로 오랜 시간 패턴화된 행동 방식이라는 것을 잊지 말자. 사람은 네 가지 행동 유형을 모두 가지고 있지만, 특정한 행동을 얼마나 자주 하는지가 다를 뿐이다. 이제 내 자신과 타인에게 상처를 덜 주고, 덜 받는 갈등 관리와 자신이 하는 행동의 원인을 알아보자.

당신과 당신의 상사는 주로 어떤 행동 유형을 보이는가? 주도형(D형), 사교형(I형), 안정형(S형), 신중형(C형)의 4가지 모델에는 서로 행동 성향이나 중요하게 여기는 관점의 차이가 있어서 박자 맞추기 쉽지 않은 경우가 있다. 행동 성향별 서로 편안한 정도에 따라서, 일의 속도(빠르다/느리다)와, 과제 우선 순위(일 중심/사람 중심)에서 업무 충돌이 있을 수 있다. 예를 들어, 주도형과 사교형은 행동이 빠르다. 신중형과 안정형은 행동이 느리다.

주도형(D형)의 반응

화살을 준비하자마자 과녁을 조준해 거침없이 쏜다. 그리고 곧바로 다시 조준한다.

사교형(I형)의 반응

준비한 후에 쏠 생각은 안 하고, 화살은 이렇고 과녁은 어떻다고 하며 옆 사람과 한담을 나누며 늦게 쏜다. 과녁에 명중하기 쉽지 않다.

안정형(S형)의 반응

준비만 하고 화살은 쏘지 않고 끝날 수 있다. 화살 준비–과녁 조준–화살 쏘기의 3단계에서 화살을 준비하는 데 시간이 많이 소요된다. 걱정을 하다가 다른 유형들이 다 하고 나면, 그제서야 안심을 하고 따라서 한다.

신중형(C형)의 반응

과녁의 중앙을 완벽하게 맞추기 위해 온갖 수학적 지식으로 각도와 거리를 따지면서 많은 시간을 보낸다. 조준하다가 발사를 안 할 수도 있다. 머릿속으로 생각한 문제가 풀릴 때까지 같은 상태가 지속된다. 그러다 보니 한참 후에 확신이 서면 집중해 화살을 쏜다. 명중이 나올 확률이 높다. 하지만 이미 양궁장의 영업 시간이 끝날 수 있다.

이 활 쏘는 상황에서 주도형은 안정형을 보며 답답해하고, 신중형을 보면서는 감으로 쏘면 되는데 별 걸 다 따진다고 말한다. 사교형을 보면서는 속도가 빠른 건 좋은데 목표에 집중을 안 하는 모습을 보면서 답답해한다. 사교형은 주도형이 너무 활 쏘기에만 집중하는 것을 보고 즐기라고 말하고, 한참을 조준하고 있는 신중형을 보며 참 힘들게 산다고 말하며, 아무것도 못하고 쩔쩔매는 안정형을 보고 도와주느라 자신은 활을 쏘지 않는다. 안정형은 주도형의 빠른 속도에 더욱 겁을 먹고, 사교형의 수다를 거절도 못하고 들어주느라 답답하고, 신중형에게 어떻게 하는 건지 도와달라며 미안한 표정으로 소심하게 말을 건넨다. 신중형은 주도형이 한 방에 쏘는 것을 보고 그 용기에 대단하다고 여기면서도 성질 급하다고 말하며, 사교형이 활 쏘기에 집중 안 하고 이러쿵저러쿵 수다 떠는 모습을 보며 집중하게 좀 조용히 하자고 한다. 조용한 안정형을 보고는 왜 저러고 있는지 생각하다가 다시 활 쏘기에 집중한다. 그리고 집중하느라 안정형을 아예 못 볼 수도 있다.

## 각 유형별 What/Who/How/Why

각 유형이 중요하게 여기는 논점(What/Who/How/Why)이 있다. 주도형은 무엇What, 사교형은 누구Who, 안정형은 어떻게How, 신중형은 왜Why이다. 예를 들어, 부서에 프로젝트가 할당

된 상황이다. 직원들이 상사에게 묻는 첫 질문은 이렇다.

주도형 직원

- 무엇을 하는 거죠?

- 목표가 뭔가요?

- 무엇을 얻을 수 있죠?

사교형 직원

- 누가 담당하죠?

- 누구와 함께하죠?

- 누구의 지시입니까?

안정형 직원

- 어떻게 해야 하나요? 걱정되네요.

- 다른 팀에서도 해본 적 있을까요?

- 우리 같이 해요. 같이 하면 참 좋을 것 같네요.

신중형 직원

- 왜 그 프로젝트를 맡게 되었죠?

- 왜 우리 부서가 하게 되었습니까?

- 왜 아무 논의 없이 결정되었습니까?

- 근거가 확실한 충분한 자료는 있습니까?

이 질문에서 알 수 있듯이, 주도형은 무엇에 관한 목적에 관심을 보이고, 사교형은 사람에 관심이 많다. 안정형은 때로는 질문을 하지 않고 혼자 자리에 가서 어떻게 해야 하는지를 고민한다. 신중형은 세세히 다 알아야겠다는 식으로 질문한다. 각각의 유형은 자신이 가장 중요시하는 부분의 의문이 풀리지 않으면 동기 부여가 되지 않는다. 각자가 중요시하는 논점과 궁금증이 확실히 풀려야 움직인다. 먼저 그 궁금증부터 풀어주는 커뮤니케이션을 하자.

## 갈등 상황에서 각 유형별 반응

DISC 행동 유형별로 갈등이 벌어질 때 초기–중기–말기로 진행되면서 행동에 변화를 보인다. 갈등이 심화되지 않도록 행동을 읽고 스트레스 정도를 파악할 수 있다면 불필요한 상황을 줄일 수 있다. 갈등 상황에서 각 유형별 반응은 다음과 같다.

주도형(D형)의 반응

처음에는 직설적으로 요구한다. 수용되지 않으면 거칠어지면서, 결국 포기하거나 양보하며, 조직을 떠나기도 한다. 주도형은 '좋다 싫다' '한다 안 한다'를 말로 분명하게 표현하고 이의를 제기하므로, 시간과 논의가 필요하지 않은 이상 곧바로 간략하게 진행 및 결정 상황을 이야기해줘야 한다. 그렇게 하면 답답해도 기다리며 이겨낸다.

사교형(I형)의 반응

사교형 역시 처음에는 말로 하다 받아들여지지 않으면 감정이 격해져서 말이 빨라지는 모습을 보이다가 지쳐서 갈등을 피하고자 양보를 하고 만다. 공감을 해주는 것이 사교형을 진정시키는 가장 빠른 방법이다. 사교형은 화를 내더라도 결국 많은 상황을 이해하는 모습을 보이기도 한다.

안정형(S형)의 반응

안정형은 초기에는 경청을 하며 큰 반응을 보이지 않다가 양보를 하는데, 스트레스가 극도에 달하면 무섭게 공격하고 강력하게 요구하는 행동을 보인다. 안정형은 존중해주며 생각이나 의견, 의사를 미리 물어보면 도움이 된다. 배려심이 많다고 해서 안정형을 물로 보면 안 된다. 스스로 자신들을 물이라고 표현하기도 하지만 결국 참다 참다 폭발한다.

신중형(C형)의 반응

신중형은 처음에는 갈등을 회피하는 듯 보이지만 논리성과 증거를 점검하면서 전략을 세우고자 하며 결국 요목조목 반격하며 따진다. 여러 번 제안했는데도 상사가 반응이 없으면 이메일이나 결재 라인으로 1에서 10가지 항목으로 논거를 정리하여 제출한다. 신중형의 논리를 이길 유형이 없다고 보면 된다.

행동 유형별 유사점이 적어 갈등의 소지가 있는 유형도 존재한다. 속도가 빠르고 결단력이 있는 주도형은 느린 반응과 걱정이 많아 망설이는 행동의 안정형과 갈등을 일으키며, 데이터와 수치로 정리하는 완벽함과 과정을 중시하는 신중형은 좋은 게 좋은 거라는 우유부단한 행동을 보이는 사교형과 쉽게 부딪친다. 주도형과 신중형은 일을 우선시 하기에 그 점에서는 통하지만 속도 문제에서 서로 스트레스를 주고 받는다. 사교형과 안정형은 사람 중심의 배려를 하며 함께하기를 중시해서 서로 통하지만, 수다를 좋아하고 삼천포로 빠지는 사교형의 행동은 조용히 지내고자 하는 안정형에게 혼란을 가져온다.

모든 행동에는 장단점이 있기 마련이므로 행동 유형별로

약점(단점)을 보완하는 데 초점을 두지 말고, 강점(장점)의 남용을 줄이는 것이 스트레스 해결과 소통 관리에 훨씬 도움이 된다.

03

# 상사 · 동료와의 행동 유형별 관계법

•

DISC 유형 인정하기

아침에 사무실에 출근하면 무엇을 가장 먼저 하는가? 출근길에 테이크아웃한 모닝커피를 마시는가? 아니면 컴퓨터 전원 버튼부터 누르는가? 아니면 옆자리 동료와 뉴스 이야기를 하는가? 사람마다 출근해서 처음 하는 일을 다르듯이, 행동도 다르다.

상사나 동료의 행동을 이해하기 위해서, 우선 조하리의 네 가지 창을 열 것을 권한다. 창을 하나씩 열면 이해되지 않았던 문제가 풀린다. 자신에 대한 것도, 주변에 일어나는 다양한 사건들에 대한 것도, 대인관계에 대한 것도. 조하리의 창Johari's Windows은 조셉 러프트Joseph Luft와 해리 잉햄Harry Ingham이라는 심리학자들이 자신들의 이름을 따서 1955년 논문에서 개발한 인간의 행동분석틀이다. 4개의 창으로 상대방과의 관계를 가늠한다는 이론으로, 나와 타인과의 관계에서 내가 어떤 상태에 처해 있는지를 보여주고 어떤 면을 개선하면 좋을지를 보여주는 데 유용하다.

## 열린 창 – 숨겨진 창 – 보이지 않는 창 – 미지의 창

자신도 알고 타인도 아는 영역의 '열린 창[Arena]', 자신은 알지만 타인은 모르는 '숨겨진 창[Mask]', 나는 모르지만 타인은 아는 '보이지 않는 창[Blind Spot]', 나도 모르고 타인도 모르는 잠재적인 '미지의 창[Potential]'의 네 가지 창으로 나뉜다. 이 네 가지의 창을 잘 이해하고 활용하면 타인과 좋은 관계를 맺는 데 도움이 된다.

| | |
|---|---|
| (나와 타인이 모두 아는)<br>**열린 창** | (나는 모르고 타인은 아는)<br>**보이지 않는 창** |
| (나는 알고 타인은 모르는)<br>**숨겨진 창** | (나도 모르고 타인도 모르는)<br>**잠재적 미지의 창** |

자신이 생각하는 네 가지 창을 적어 보자. 네 가지 창 영역의 넓이는 우리가 살면서 계속 변화한다. 만약, 내가 상대방에게 마음을 열고 마음속 이야기를 하기 시작한다면 내 숨겨진 영역은 줄어드는 동시에 열린 공간은 늘어간다. 그만큼 상대방과 내가 공유하는 부분이 많아지고, 그 사람과는 친밀해진다. 타인은 아는데 자신은 모르고 있는 것, 즉 보이지 않는 창에 주목해보자. '아, 나에게 이런 특성이 있었는데, 정작 나는 모르고 있었구나' 또는 '나는 그렇게 생각하지 않았는데, 다른 사람은 나를 이렇게 이해하고 있었구나'라고 생각하면 자신의 모습을 다시 보게 되고, 앞으로 어떤 노력을 해야 할지 알 수 있다. 미지의 창은 아무리 노력해도 힘들 것 같으면 제외하고 내려놓아도 된다.

기업에서도 소비자나 투자자와 얼마나 소통하고 있는지를 알고 싶다면 조하리의 창을 통해 비즈니스도 풀어보면 된다. 매일매일 원만한 인간관계를 유지하기 위해 애쓰느라 피곤해하고 공허해하고 한숨만 쉬지 말고, 조하리의 창으로 사람을 바라보면서 이해해보자. 우리에게 필요한 공기처럼 받아들인다면 우리 삶이 훨씬 더 풍요로워질 수 있다.

## 상사의 네 가지 행동 유형을 보는 요령

우리의 사고와 감정은 인간관계나 주변 환경에 강한 영향을 받는다. 사람은 원래 네 가지 행동 유형을 다 가지고 있다. 하지만 유전자와 오랜 습관, 경험, 자라오면서 접한 환경을 통해서 개개인의 욕구와 트라우마가 복잡하게 얽혀서 주된 행동이 나온다. 그리고 그 행동은 성인이 된 우리 몸에 단단히 체화되어 있어서 바꾸기 힘들다.

직장인의 주된 고민 중 하나인 상사와의 갈등을 해결하는 방법을 행동 유형별로 하나씩 짚어보자. 주도형 상사, 사교형 상사, 안정형 상사, 신중형 상사별로 주된 1차적 행동 경향만 보이는 사람이 있고, 1차와 2차 경향이 동시다발적으로 나타나는 사람도 있다. 그리고 2차 행동 경향을 중간 지점에서 한 번씩 드러내기도 한다는 것도 알아두자. 복잡하게 생각할 것 없다. 평소 대화에서 상사가 하는 말이나 중요시하는 것 등을 통해 금방 알 수 있다.

우선 여기서 설명하는 상사의 행동은 주요 1차적 경향의 특징이므로, 확실히 구분해두기 바란다. 다시 말해서, 한 가지 주된 행동만 강하게 하고 나머지 세 가지 유형은 중간 이

하의 확률로 거의 행동으로 드러나지 않는다는 전제이므로, 그 점만 주의하자. 그리고 실제로 한 가지 주된 행동 유형을 강하게 보이는 사람은 대략 10명 중 3명 정도다. 단, 1차와 2차 경향의 비중이 어떻게 달라지든 그 사람의 일상 삶에서 유형화된 1차적 경향은 거의 변하지 않는다는 점도 참고하자. 또한, 공공의 활동을 해야 하는 회사와 사적인 활동을 하는 집에서의 행동 유형이 다를 수 있다는 점도 참고하자. 순간을 인식하는 훈련을 하고, 상대방의 마음과 행동을 들여다보자. 그동안 상사와의 소통을 힘들게 했던 과거를 떨칠 수 있다. 이제는 상처 덜 받고, 덜 주게 될 것이다.

## 높은 주도형 상사 D형 High Dominance

**□ 핵심: 행동파 주도형 상사에게는 발 빠른 보고를 한다.**

**□ 대표 인물: 현대그룹 故 정주영 명예회장(D), 트럼프 美대통령(D), 힐러리 클린턴(D+C)**

발걸음이 힘차고, 눈빛이 강하며(레이저 발사), 목소리 역시 힘차고 크다. 말은 아주 짧고 간결하게 하며, 결론만 말하기를 상대에게 요구한다. 높은 주도형 상사들은 행동파로 무엇이든 빠르다. 항상 분주히 움직이며, 일이 닥치면 당장 시작한다. '안 되면 되게 하라'라는 도전정신으로 목표를 이룬다. 높은 결단력과 로켓 같은 빠른 추진력을 가졌다. 부서에 새로운 프로젝트를 잘 가지고 오며, 이러한 프로젝트는 주도형 상사를 더욱 의욕적이고 생산적으로 만든다. 주도형 상사의 발 빠른 행동에 따라가기 벅차서 바둥바둥할 수 있다.

적극적이고 공격적인 행동은 부서원들이 보기에는 냉정하고 독불장군처럼 비춰질 수 있다. 완고하며, 세세한 것을 놓치고 충동적으로 행동하기도 한다. 결론을 마음속으로 이미 내놓고, 의견을 묻는다. 이의를 제기하면 "시키는 대로 해"라고 한마디 한다. 부서원 입장에서는 그럴 거면 왜 물어봤을까, 하는 생각이 들 것이다. 의견을 묻지 않고 서둘러 결정해 통보하는 높은 주도형 상사의 행동 유형은 당신을 힘들게 하는 상사의 단점이 될 수 있다. 주도형 상사는 조직에 대한 통제력을 잃는 것을 두려워하기 때문에 독재적이고 독단적인 모습으로 비춰진다. 논리적이면서도 직감력(본인들은 '촉'이라고 함)이 있어 행동만 빠른 게 아니라 사고의 속도도 매우 빨라서 타이밍을 잘 잡아낸다. 기존 상태에 대한 문제를 제기하며, 지도력을 발휘한다.

"할 수 있어" "내가 책임질게" "아이같이 굴지 마"라는 말을 자주 한다. 높은 주도형 상사는 퇴사 후 대부분 자기 사업을 하고 있을 가능성이 가장 높다. 그들의 이러한 발 빠른 추진력과 시장을 내다보는 촉은 다른 유형들이 따라오기 힘들 정도로 돌파구를 뚫는 실행력이 있다.

### 주도형과의 관계 대처법

조직에서 변화를 주도하며 부서원들의 고민도 신속하게 결정해준다. '일' 중심적 사고로 과업에 우선 순위를 두고 있기 때문에 상대적으로 '관계' 형성에는 무관심할 수 있다. 말이 짧고 명료하며, 따뜻한 마음이나 공감을 표현하는 말에는 인색한 편이다. 부서원이 일을 잘 수행하면 "잘했어!" 한마디, 일 처리가 늦거나 보고가 늦으면 "다했어?" "일 똑바로 하자"라고 딱 한마디 한다. 대담하고, 결과와 목표에 대한 욕구가 매우 높다. 보고할 때 설명이 길어지면 대뜸 말을 자르며 "그러니까. 김대리, 결론이 뭐지?" "원하는 게 뭔가?" "그건 어제 이야기지, 상황이 변했어, 다시 해와"라고 한다. 내용보다 비수를 꽂는 듯한 말투가 듣는 사람을 힘들게 한다. 상사의 무뚝뚝하고 불퉁거리는 말씨에 대해 무안해할 필요는 없다. 차분하고 담담한 태도를 유지하며, 요구한 지시를 신속하게 처리하자.

신속한 보고를 선호한다고 해서 사사건건 물어보면 "알아서 해봐요! 뭘 하나 하나 다 묻나?"라고 할 수 있으니, 당신도 주도적으로 확신을 갖고 일을 진행해야 주도형 상사에게 인정 받을 수 있다. 단, 상사의 통제권 안에서 하길 원할 것이다. "우리는 뒤끝이 없어!(그들은 정말 그렇게 생각하며, 꽤 쿨한 성격의 괜찮은 성격이라고 생각하는 경향이 있다)" "걱정 마! 다 잊었어! 뭐 그런 거 가지고 그래!" 하지만 그들에게 한 번 찍힘은 영원한 찍힘이다. 그 자리에서 결정하며, 이야기 나온 김에 지금 하자고 저돌적으로 제안한다. 시원시원한 부분은 있으나 2차 경향이 무엇인지에 따라 변경될 가망성이 있다.

높은 주도형 상사들은 결단력 있고, 의사표현을 분명히 하고, 시원시원하고 솔직하게 말하고, 이해가 빠르고, 말한 약속을 잘 지키고, 부지런히 일 처리하는 행동을 편안해한다. 반면, 우유부단해서 결정을 빨리 못하고, 부정적이고 따지기 좋아하거나, 행동보다 말이 많거나 변명이 많고, 일 속도가 느리고, 고집 피우며 지나치게 깐깐하게 계산적인 말과 행동을 불편해한다.

## 높은 사교형 상사 I형 High Interaction

☐ 핵심: 언변이 뛰어난 사교형 상사에게는 칭찬을 아끼지 않는다.

☐ 대표인물: 故 김영삼 전 대통령(I), 클린턴 전 美대통령(I+D)

높은 사교형 상사들의 언변과 감수성이 뛰어나고, 매사에 열정적이고 호기심이 많다. 수다스럽기도 해서 한번 말하기 시작하면 회의 주제에서 벗어나 삼천포로 빠질 수 있다. 당신이 상사와 같은 사교형이라면 회의 시간이 길어져서 결론도 없이 다시 회의를 잡아야 할 것이다. 우울해하는 날 외에는 항상 유쾌하다. 높은 사교형 상사들은 복잡한 일에 대한 책임을 회피하거나 벗어나려고 하며, 근무 형태나 업무 방식에서도 자유로운 활동을 추구하는 경향이 있다.

사교형 상사들은 의견과 아이디어는 많으나 우유부단하고 일의 끝마무리가 부족하다. 일 처리를 본인이 다 해결할 것처럼 큰 소리를 치지만 정작 화두만 꺼내놓고 본격적인 시도를 하지 않는다. 그래서 결국 주도형이나 분석형의 부하직원이나 다른 팀원이 시작이나 마무리를 한다. 결과에 대해 지나치게 낙관적이며, 충동적으로 행동하며 급하게 결론을 내린다. 뒤늦게 벼락치기를 하는 경우가 많아 부하직원들이

막고 다니느라 힘들 수 있으니 결재 받아야 하는 일이 있으면 중간 중간 상기시켜야 한다. 전화를 걸거나 받을 때도 상대방에게 안부를 길게 물어야 상대방이 무안하지 않을 거라고 생각해서 서두가 길다. 마냥 듣고 있으면 시간이 많이 소요되므로 본론으로 들어갈 수 있도록 유도해야 한다.

"나 어때?" "너무 재미있지?" "복잡한 건 질색이야"라는 말을 자주 한다. 하고 싶은 것이 너무 많아서 이것저것 다 찌르고 봐야 직성이 풀린다. 꽂히면 빠져드는 유형으로 요즘 유행어로 '금사빠(금방 사랑에 빠지는 사람)'일 경우가 높다. 그러다 보니 결정 장애가 있는 것처럼 본인의 합리화에 빠져 허우적대기도 한다. 사람과 상황에 대해 '어떻게 되겠지 뭐'라고 하면서 지나치게 낙관적이다.

한번은 홍보팀과 나눌 이야기가 있어서 팀장 자리에 갔는데 칸막이 때문에 몰랐던 산더미 같은 사진과 자료 더미와 보도자료들이 쌓여 있었다. 출근을 한 건지 퇴근을 벌써 한 건지 알 수 없어서, 옆자리에 있는 홍보팀 디자이너에게 물었다. "○○○팀장, 퇴근했나요?". 그러자 디자이너가 말했다."글쎄요. 모르겠는데요!" 그 디자이너는 '주도형+분석형(D+C)'형이었다. 주도형은 남의 일에 그다지 관심이 없다. 그 당시 우리 본부는 하루하루 변화무쌍한 나날을 보냈다. 울고 웃고 화내는 여러 행동 유형을 바라보면서 이유도 모른 채 서로를 신기하게 여겼다. 후에 DISC행동유형워크숍을 진행하기 전까지 말이다.

### 사교형과의 관계 대처법

타 부서원이나 부서장들, 협력업체와도 친화력이 매우 뛰어나며 마당발이다. 사내에서도 사교적인 모임을 즐기며, 타 부서의 회식 자리에 가 있는 것을 자주 본다. 다른 사람들과 어울리기를 좋아하고, 자신의 존재 가치를 알린다. 사교형 상사들은 사회적 인정에 대한 욕구가 있어서 다른 사람들에게 어떻게 자신이 비춰지는지에 관심이 많다. 무대를 즐기며 사람들의 시선을 사로잡을 줄 알며 칭찬을 먹고 살기를 원한다. 그러다 보니 언제나 재미있게 말을 하고, 다른 사람의 말에 공감을 적극적으로 나타낸다. 워낙 친근하고 편안하게 다가가기 때문에 많은 직원들이 좋아한다. 사교형 상사는 당신에 대한 칭찬 등 좋은 소문을 퍼트리는 중요한 역할도 한다. "괜찮아! 잘될 거야!" "좋아! 가는 거야!" "인생 뭐 있어?" "인생은 아름다워! 자유롭게 살아" "좋은 게 좋은 거지" "피할 수 없으면, 즐겨라!"라는 말을 자주 한다. 이벤트를 즐기고 좋아하며, 사람들에게 함께하기를 권하며, 그리고 진심으로 물질적,

정신적으로 베푼다. 아웃사이더를 발견할 줄 알며, 측은지심이 있어서 그들이 외롭지 않게 그룹에 함께하도록 돕는다. 그리고 좋은 사람이라는 평을 받기를 내심 바라기도 한다. 먼저 베풀고 조건 없이 주기를 좋아하지만, 상대방이 다섯 번 받았으면 인간적으로 한 번은 내게 갚아야 상대를 인정한다. 그렇지 않을 경우 마음속 지인知人 목록에서 제명除名시킨다. 하지만 결코 상대에게 내색을 하지 않는다. 계속해서 잘해주되, 그냥 좋게 좋게만 지내는 정도로 깊게 사귈 마음은 없다. 감성이 풍부하고 감정이입이 뛰어나 상가喪家에 가서 상주喪主보다 더 슬피 울어 상주가 당황하기도 한다. 상주로서는 '저기 누구신데, 이리도 슬퍼하시는지……'라고 생각하게 된다.

감정의 기복이 있어서, 기분이 좋았다가 나빴다가 화났다가 풀렸다가를 반복하는 주기가 다른 유형보다 심하다. 그래서 사람들은 그들을 유리잔과 같다고 비유하기도 한다. 언제 깨질지 모르기 때문이다. 한편으로는 속이 다 보인다는 뜻이기도 하다. 본인은 내색을 하지 않는다고 하지만, 다 보인다. 그 감정 기복에 동요되지 마라. "우리 차 한번 마셔야지, 우리 언제 만나서 이야기 나누자"는 말을 하지만, 사교형을 못 만날 가능성이 아주 높다. 반가움의 표현으로 그냥 하는 말이지 실제 만나고자 하는 것은 아니다. 반가운 것은 맞으나 기약 없는 빈말일 가능성이 높다. 꼭 만나야 될 일이 있다면 말 나온 김에 그 자리에서 차 마시러 같이 가는 것이 효과적인 방법이 될 수 있다.

높은 사교형 상사들은 세련되고 재치 있게 유머 할 줄 아는 사람, 잘 웃고 농담도 잘하는 사람, 2차 회식에서 몰래 도망가지 않는 사람, 잘 웃고 낙천적인 사람, 사무실에서 분위기를 잘 맞추는 직원들을 편안해하고 좋아한다. 반면, 말을 걸어도 반응이나 대답도 없고 분위기 깨는 사람, 데이터를 들이대며 "왜요?"라고 자주 반문하는 사무적인 사람, 말끝마다 매사 부정적이고 작은 일을 하나하나 따지는 사람, 자신보다 능력 있고 잘난 직원, 솔직하지 않고 내숭 떠는 직원을 불편해한다.

## 높은 안정형 상사 S형 High Steadiness

**□ 핵심: 협력을 중시하는 안정형 상사에게는 먼저 가서 질문한다.**

**□ 대표인물: 반기문 전 유엔사무총장(S+S), 오바마 전 美대통령 (S+C)**

높은 안정형 상사들의 전형적인 행동 유형은 일을 완수하기 위해 다른 사람과 협력하는 데 초점을 두며, 혼자 일하기보다는 팀의 일원으로 일하는 것을 선호한다는 것이다. 화합을 위해 신뢰와 관계를 중시하고 팀워크를 중요시한다.

급격한 변화에 당황해하고, 안정적인 환경과 직장을 선호한다. 예측가능하고 일관성 있게 일을 수행하며 참을성이 있다. '우리'라는 단어를 참 많이 사용하고, 흥분한 사람들을 진정시킨다. 부드러운 말씨와 작은 목소리 톤을 가지고 있으며, 다소곳하고, 조용하다. "내가 도와줄게" "잘 지내보자" "나에게 강요하지 마"를 자주 말한다. 조직에서 정이 많은 상사들이다. 업무 수행을 제대로 하지 못하는 후배를 감싸는 행동을 자주 보인다. 부하 팀원이나 후배들의 과제 중 일부를 직접 맡아 마무리 할 때까지 도와준다.

갈등을 피하고 싶은 평화주의자이며, 남의 말을 잘 듣고, 타인에 대한 배려심이 지나치게 많아, 그로 인한 속앓이로 밤을 지새우기도 하며, 실제적으로 손해를 보기도 한다. 안정형은 정리정돈을 매우 잘 한다. 업무를 할 때 업무 지시 그 이상 그 이하도 하지 않는 경향이 있어서, 주도형(D형) 상사의 경우 안정형(S형)이 착하기는 하지만 답답하다고 생각한다. 이는 나서서 새로운 것을 하기보다는 반복적인 업무를 다루는 재능이 있기 때문이기도 하다. 주도형(D형)과 사교형(I형)의 경우는 이미 다른 목표를 향하여 먹잇감(새로운 목표)을 찾고 있을 텐데 말이다.

누가 묻기 전에는 먼저 상세하게 말해주지 않는 성향도 있다. 전에 근무하던 회사에서, 홍보실 직원들은 안정형 상사의 정보 불통에 불만스러워했다. 꼭 다른 부서에서 소식을 듣게 되기 때문이었다. 행동유형 워크숍을 다녀 온 후 안정형 상사가 회의 시간에 말을 꺼냈다. "그간 답답한 면이 없지 않았겠다. 내가 먼저 말을 하는 스타일이 아니라서. 일부러 그런 건 아니야. 앞으로 궁금하면 내게 와서 물어봐. 내가 친절하게 다 알려줄게."

한번은 본부장이 그 홍보실장에 대해 물은 적 있다. 일을 어떻게 하는 것 같냐는 본부장의 질문에, 나도 모르게 "착해요"라는 대답부터 튀어나왔다. 세상에! 착해요, 라는 대답은 정말 성격 외에는 딱히 알지 못한다는 것이 아닌가. 직장에서, 특히 관리자는 업무 성과로 평가 받기 때문에 착하다는 평가를 들어서는 안 된다. 동료들은 안정형 실장에게 가장 많은 도움을 받는다. 마음을 진정시키는 안정제 같은 역할을 하며, 실제로 실력과 부서 운영능력도 있다. 경영진들도 그 사실은 알고 있지만, 대부분 주도형 성향의 경영진들은 안정형을 천하 태평한 사람으로 볼 수도 있다. 안정형이 성실하기 때문에 신뢰하지만 왠지 성에 안 차는 것이다.

### 안정형과의 관계 대처법

안정형 상사가 화를 내는 일은 거의 없지만, 화를 낸다면 억눌렸던 마그마를 뿜어내듯 화신이 폭발한 것이라고 보면 된다. 참다 참다 화를 폭발하는 것이며, 이때는 목소리가 크고 다혈질인 주도형보다 무섭게 돌변한다. 우유부단한 경향이 있는데, 사교형(I형)의 우유부단과는 다르다. 사교형은 호기심이 많아 이것저것 하고 싶은 것이 많아서 우유부단해지는 반면, 안정형은 생각만 계속 하고 행동으로 옮기는 데 시간이 많이 걸린다. 선 밖의 일을 하는 것을 원하지 않고, 변화에 대한 두려움과 걱정이 있어서, 다른 사람들의 행동을 보고 결정을 따르는 경향이 있다. 그리고 안정형은 침묵으로 소리 없는 저항의 의지를 보이기도 한다. 광속적인 시대의 변화에는 한계로 작용할 가능성이 높다.

안정형 상사는 일관성 있는 사람, 정중하고 예의 바르고 차분하며 친절한 사람을 편안해하고, 내심 추진력 있는 직원들이 불편하면서도 결단력 있는 사람을 편안해하며, 이해심과 배려심이 많고, 독단적이지 않고 진실하게 상대를 대하는 사람과 함께하기를 원하며, 말이 너무 많고, 자기 주장이 강하며 말소리가 크고 과격하며 공격적으로 무리한 요구를 하는 사람을 불편해한다.

## 높은 신중형 상사 C형 High Conscientiousness

□ **핵심: 데이터 Data 를 중시하는 신중형 상사에게는 항상 근거를 제시한다.**

□ **대표인물: 故 김대중 전 대통령(C), 삼성그룹 故 이병철 회장(C+D), 애플 사의 故 스티브 잡스(C)**

높은 신중형 상사들은 신중하고 분석적이며 탐구적이다. 법과 원칙에 따라 철저히 한다. 데이터를 중요시하고, 증거를 요구하며, 수와 값으로 설명하길 좋아한다. 그들은 바둑판의 교차점 개수가 361개라는 것을 정확히 알고 있다. 태극 문양이 심오하고 복잡해 보여서 좋아한다. 품질 관리에 관심이 있고, 구조적인 질서 체계를 선호한다. 자기 절제력이 높아서 훈련을 잘 하고 철저하며 외교적 수완이 있다. 높은 기준을 가지고 있으며, 그 기준을 다른 사람에게도 요구해서 갈등을 야기할 수 있다.

품질을 강조하는 사람들과 함께 일하기를 좋아하며, 연구하고 원인을 분석하고 수치화하고 세세하게 나누는 것이 일상이다. 중요한 지시나 기준에 관심을 둔다. 분석적으로 사고하고, 찬반 및 장단점 등을 습관적으로 평가하고 고려한다. 말수는 없다. 정확성을 위해 돌다리를 두드리고 건너자고 하며 아주 신중하다 보니 일의 속도나 결정이 느리게 나올 수 있다. 그래서 신중형 상사에게 "결정이 났습니까?"라고 물으면, "기다려봐, 아직 더 검토하고 결재할게"라고 대답한다. 그러고도 2일이 지나는 건 기본이다.

규칙을 지키고 예의범절을 중시한다. 갈등에 대해 간접적 혹은 우회적으로 접근한다. 타인에 대한 평가와 자기 평가에 대해 매우 냉철하며, 관찰력이 뛰어나다. 일상에서 습관처럼 매 순간 평가를 한다. 완벽을 추구하며, 완벽하지 않으면 못 견딘다. 체계적인 관리에 아주 능하며, 한 분야를 심오하게 연구하기를 좋아한다. 그리고 전략가이며 술수가로, 속으로 깊은 생각을 하고 있다. 염세주의적, 다시 말해 비관주의적 경향이 있으며, 인생이란 무엇일지에 골몰히 생각에 잠기기도 한다.

셔츠나 블라우스를 입을 때도 단정하게 목둘레 첫 단추부터 끝 단추까지 여민다. FM대로 일하며, 모범생 이미지가 있다. 모범 답안을 찾기를 원하며, 실수에 대한 두려움이 있다. 지나치게 조심스러우며, 세부적인 일에 얽매인다. 일하는 방법에 융통성이 없고 의심이 많다. 비판에 대해 예민하게 반응한다. "그게 맞는 말이야?" "생각할 시간을 줘" "원칙을 지켜야지" "증거나 근거 있어?"라는 말을 자주 한다.

### 신중형과의 관계 대처법

사교형(I형)이 보기에는 신중형(C형)이 왜 저렇게 복잡하고 힘들게 생각하며 따지며 사는지 이해되지 않는다고 하지만, 신중형은 천방지축 행동을 하는 사교형에게 왜 저러고 사느냐고 반문한다. 사교형과 신중형의 경우 우리가 흔히 말하는 행동 유형상 상극이라고 할 수 있다. 사교형은 신중형을 피곤해하고, 신중형은 사교형을 철없게 보지만, 두 유형은 서로 상당히 매력적으로 여긴다. 신중형은 남들 앞에서 말하고, 유머 있게 말하고, 스스로 망가지면서 사람들을 웃게 만들기가 참 어렵고 힘들기 때문에, 사교형의 세련됨과 뛰어난 언변, 사교성을 부러워한다. 사교형은 신중형의 집요함과 이유를 따지는 성향에 질리면서도 좋아하고, 차분하고 냉철한 이미지가 매력적이라고 한다. 하지만 두 유형은 서로 아주 다르기 때문에 불화를 일으킬 여지가 많다. 상대방과 교집합이 되지 않는 평행선을 불화의 씨앗이라고 볼 것은 아니다. 부족한 부분을 서로 보완할 수 있다. 서로 인정하고 용납해야 앞으로 나아갈 수 있다. 두 행동 유형 모두 조직에 필요하다.

높은 신중형 상사는 매사 업무 처리가 정확하고 공정한 사람, 약속을 준수하며 책임감이 강한 사람, 거두절미하고 기본이 된 사람을 편안해한다. 반면, 명확한 지식이나 정보 없이 잘난 체하며 나서서 말만 많고, 다혈질에 고집이 센 사람이나, 무책임하고 약속을 안 지키는 기본이 안 된 직원을 맹렬히 비평한다.

04

# 상사의 행동 예측하기

•

에니어그램 활용법

TED의 한 강연에서 Google은 머리, 심장은 Facebook, 대장기관은 Amazon, 비뇨기계는 Apple에 비유한 적이 있다. 기막힌 비유였기에 청중들은 환호했다. 사람들은 신에게 물었던 것을 구글 검색창을 통해 물었고(요즈음은 질병이나 각종 건강정보를 의사가 아닌 구글에서 검색한다), 사람들을 페이스북에서 소통하고 인간관계를 가지며 아마존에서 필수품을 사들이며, 애플로부터 본능을 해소하게 되었다는 것이다.

그렇다면 직장에서 구글 같은 사람, 페이스북 같은 사람, 아마존 같은 사람, 애플 같은 사람들이 모여서 일을 할 때 어떤 일이 일어나겠는가? 분명한 것은 우리는 그들을 매일 본다는 것이다. 글로벌 기업과 대기업에서 인사관리와 조직운용의 원리로 도입하여 적용하고 있는 성격이론 에니어그램을 통해서 좀 더 본질적인 내면적인 통찰을 얻자.

에니어그램 교육참가자들은 교육 단계를 올라가면서 자신의 마음 깊숙한 곳을 어루만지게 된다. 그리고 자신이 왜 조급해하고 분노하며, 불안해하고, 갈등을 가졌는지 상황에 대한 깊은 이해를 경험한다. 무엇보다 자신이 받은 선물, 즉 뛰어난 재능이 무엇인지를 명확히 알게 되며, 자신을 사랑해야 남도 사랑할 수 있다는 것을 깨닫는다.

이렇듯 에니어그램은 내면의 자아를 들여다볼 수 있는 성격유형도구로 탁월하다. 자신의 성격이 어떻게 형성되어 왔는지 성찰할 수 있고, 명상의 효과를 볼 수 있다. 자신을 이해하게 되고 타인의 행동 특징을 인식하게 되었다고 해도, 사회생활에서 문제가 해결되리라고 보기에는 우리의 욕망과 본성이 너무 강하다. 우리가 서로 통한다는 것이 무엇일까. 우리는 서로 바라봐주기를 바란다. 구성원들이 통하게 되면 상생하는 길이 열린다.

DISC행동유형 모델은 환경에 적응하기 위한 외적 행동 패턴을 분석한 것이며, 에니어그램은 환경과 기질에 의한 내적과 외적 사이의 인간의 행동과 가치관(자아 의식+행동 방식)의 변화를 분석한 것이다. 에니어그램에서는 삼분법적으로 힘의 중심을 머리, 가슴, 장의 에너지로 구분한다. 힘의 중심에 따라 3개 성격 유형으로 묶는데, 장(본능)의 유형에는 지도자, 중재자, 개혁가 유형, 가슴(감정) 유형에는 조력가, 성취자, 예술가 유형, 머리(사고) 유형에는 사색가, 충성가, 낙천가가 있다. 각 유형의 강점(긍정적 특성)은 건강한 에너지를 쓰는 것이고, 약점(부정적 특성)은 각 유형이 건강하지 않을 때 쓰는 에너지다. 하지만 각 유형이 갖고 있는 생존 본능과 욕구를 조절하지 못하면 긍정적인 특성도 부정적인 특성도 결국 자신을 힘들게 하는 요소로 돌아오므로, 자신에게 필요한 다른 유형의 강점(긍정적 특성)을 끌어와 쓰도록 한다.

다음의 항목표를 통해 에니어그램 1단계 총 9가지 성격유형별로 긍정적 특성 6가지, 부정적 특성 6가지를 각각 확인해보자(윤운성, 《한국에니어그램 탐구 1,2,3단계 교재》).

**| 에니어그램 성격 유형별 긍정적 • 부정적 특성 기본 체크표 |**

| | |
|---|---|
| **체크하기** | 현재 직장 또는 공동체에서 자신이 가지는 주된 특성을 √체크 한다.<br>갖고 싶은 특성을 체크하지 않도록 유의한다.<br>√체크한 개수를 적어 비교한다. |
| **강점/약점** | 긍정적 특성을 모두 체크한 후 부정적 특성을 체크하자.<br>체크 개수가 가장 많은 특성을 확인한다.<br>1번~9번 유형들이 가지고 있는 특성을 체크한다. |
| **힘의 중심** | • 가슴형: 2번(조력가), 3번(성취자), 4번(예술가) 유형<br>• 머리형: 5번(사색가), 6번(충성가), 7번(낙천가) 유형<br>• 장형: 8번(지도자), 9번(중재자), 1번(개혁가) 유형 |
| **유의 사항** | • 자신의 성격 특성 체크하는 법<br>예) 힘의 중심: 가슴형 / 성격 유형: 2번 조력가형<br>• 성격 검사는 에니어그램 검사진단을 실시하여야 하며, 본 항목표는 기본적인 특성만을 일부 제시한 것으로 참조하는 용도로 사용하기 바란다.<br>• 체크표를 보고 솔직한 자신을 살피고 긍정적 특성을 높이고, 부정적 특성을 개선할 수 있다.<br>• 긍정적 특성이라고 해도 지나치게 사용하게 될 경우 오히려 단점이 되고 스트레스를 받을 수 있다.<br>• 1번~9번까지 갖는 각각의 긍정적 특성을 모두 골고루 사용하도록 노력해야 한다. |

참고: 윤운성, 《한국에니어그램 탐구 1,2,3단계 교재》, 한국에니어그램교육연구소

## 직장에서 나타내는 특성으로 찾아보는 성격 유형

나·상사·동료·파트너는 어떠한 긍정적 특성과 부정적 특성을 가지는 성격 유형일까?

| | 긍정적 특성(강점) | | 부정적 특성(약점) | |
|---|---|---|---|---|
| 2번 유형 | 모성애적으로 부서원을 돕는다. | | 돌려서 말을 한다. | |
| | 따뜻하고 정이 많다. | | 희생적으로 헌신한다. | |
| | 직원들의 기분을 잘 이해한다. | | 논리적이지 못하다. | |
| | 마음이 넓다. | | 아첨을 한다. | |
| | 회사나 부서 적응력이 뛰어나다. | | 사람을 독점하려 한다. | |
| | 남을 칭찬하고 지지한다. | | 남을 챙기다 본인의 것을 챙기지 못한다. | |
| | 체크 개수 | | 체크 개수 | |
| 3번 유형 | 일 처리가 빠르다. | | 죽도록 일만 한다. | |
| | 효율을 중시한다. | | 허세 위선적이다. | |
| | 부지런하다. | | 지나친 경쟁 의식이 있다. | |
| | 목표지향적이다. | | 잘난 척한다. | |
| | 자신감에 차 있다. | | 무정하다. | |
| | 끊임없이 한다. | | 이미지를 중시한다. | |
| | 체크 개수 | | 체크 개수 | |

| | | | | |
|---|---|---|---|---|
| 4번 유형 | 심미적이다. | | 특별하고 싶다. | |
| | 독창적이다. | | 극단적이다. | |
| | 자기성찰력이 뛰어나다. | | 의기소침하다. | |
| | 표현력이 좋다. | | 과민하다. | |
| | 유행에 민감하다. | | 옹고집과 변덕이 있다. | |
| | 감정적이다. | | 우울한 기질이 있다. | |
| | 체크 개수 | | 체크 개수 | |
| 5번 유형 | 자제력이 있다. | | 쌀쌀맞다. | |
| | 집중력 있게 끈기가 있다. | | 오만하다. | |
| | 예리하다. | | 흠잡기 좋아한다. | |
| | 분석적이고 객관적이다. | | 감정이 없다. | |
| | 통찰력이 뛰어나다. | | 시야가 좁다. | |
| | 지적이다. | | 지나치게 내향적이다. | |
| | 체크 개수 | | 체크 개수 | |
| 6번 유형 | 충성심이 깊다. | | 비관적이다. | |
| | 책임감이 강하다. | | 경계심이 많다. | |
| | 항상 웃고 순하다. | | 피해망상적이다. | |
| | 팀 플레이에 충실하다. | | 불안해한다. | |
| | 남을 잘 도와준다. | | 권위에 집착한다. | |
| | 문제해결력이 있다. | | 타인을 조종하려 한다. | |
| | 체크 개수 | | 체크 개수 | |

| | | | | |
|---|---|---|---|---|
| 7번 유형 | 낙관적이다. | | 현실을 회피한다. | |
| | 매력 있고 개성 있다. | | 인내심이 부족하다. | |
| | 호기심이 많다. | | 자제력을 잃어버린다. | |
| | 상상력이 풍부하다. | | 충동적이다. | |
| | 신속하다. | | 즐거움만 추구한다. | |
| | 열중한다. | | 집중하지 못한다. | |
| | 체크 개수 | | 체크 개수 | |
| 8번 유형 | 자신감 있고, 독립적이다. | | 분노의 화신이다. | |
| | 강하면서 부드럽다. | | 응징한다. | |
| | 권위가 있다. | | 타인을 조종한다. | |
| | 허세를 부리지 않는다. | | 반항적이다. | |
| | 겁이 없고, 정의롭다. | | 자기중심적이다. | |
| | 사람을 감싼다. | | 억지를 부린다. | |
| | 체크 개수 | | 체크 개수 | |
| 9번 유형 | 권한 위임을 잘 한다. | | 쉽게 심란해진다. | |
| | 붙임성이 있다. | | 숲만 보고 나무를 못 본다. | |
| | 편견이 없다. | | 무관심하다. | |
| | 인내심이 강하다. | | 옹고집을 부린다. | |
| | 온순하고 평화적이다. | | 소극적, 수동적이다. | |
| | 침착하다. | | 현실 대처를 잘 못한다. | |
| | 체크 개수 | | 체크 개수 | |

| | | | | |
|---|---|---|---|---|
| 1번 유형 | 가치지향적이다. | | 규칙에 얽매인다. | |
| | 도덕적이고 양심적이다. | | 스스로에게 엄격하다. | |
| | 윤리적이고 공정하다. | | 강박적이다. | |
| | 정확한 원칙주의적이다. | | 고지식하다. | |
| | 예의 바르다. | | 선악 기준으로 판단한다. | |
| | 이상주의자이다. | | 독선적이다. | |
| | 체크 개수 | | 체크 개수 | |

참고: 윤은성, 에니어그램 1,2,3단계 교육과정 교재, 한국에니어그램교육연구소 2003

상사와 부하의 관계는 경쟁 관계가 아니다. 기본적으로 부서원은 각자 분장된 업무를 하면서 상사를 보조하며, 때로는 상사의 코칭과 지지를 받으며 기본기와 개인 역량을 단련한다. 자신의 목표 달성과 역량 발휘를 위해 상사와 회사라는 디딤돌이 필요하다는 점을 명심하라. 상사의 행동과 심리를 읽고, 무엇이 필요한지 보완하여 출세시켜라. 자기를 높이 평가하고, 예의를 갖추며, 업무를 충실히 해내는 성실하고 의리를 지키는 부서원을 결코 잊지 않는다. 상사는 그런 당신을 위해 고민하며, 원하는 것을 성취하도록 지원하는 데 최선을 다할 것이다.

반면, 당신을 배반하고 당신의 공을 낚아채는 상사는 어떻게 하느냐 묻는다면, 쿨해져라! 원격 근무의 주요 무대인 스마트 오피스에서 그럴 확률은 낮아진다. 이미 동료들과 타 부서 사람들은 당신의 아이디어인지 다 안다. 그리고 회사와 상사에게 지나치게 의존하지 않도록 하자. 현재 시점의 일에 몰입하고, 성과를 얻어내라. 당신의 역량을 키우는 데 매진하며, 불필요한 감정적 싸움이 있다면 털어버리자. 여우처럼 영리하게 현명하게 대처하며 '나는 내가 지킨다'는 마음으로 전략가가 될 필요가 있다.

### 개혁가 상사(침착/분노)

유명인사 : 정약용, 김구, 마가렛 대처

인상이 깔끔하고 항상 자제하는 자세를 잃지 않으며, 찬물도 위아래가 있다고 생각한다. 아주 부지런하고 다음 목표를 향해 분주하게 달리는 개혁가들은 바쁜 개미와 꿀벌에 비유된다. 조직화, 분권화 하면서 근면하고 협동심이 강하다. 법 없이도 살 사람이라는 말을 많이 듣는다. 그만큼 도덕과 윤리를 중시한다. 하지만 물이 너무 맑으면 고기가 없고, 너무 따지면 따르는 사람이 없다. 작은 흠이나 결점을 고치려다 오히려 일을 그르칠 수 있다.

개혁가 상사가 불평을 하고 훈계를 할 때는 부드럽게 대하고 잘 들어라. 상사의 비판적, 분석적 사고 능력을 높이 평가하고 있음을 보여줘라. 시간을 지켜라. 실수를 정중하게 시인하라. 당신은 상사에게 적절한 절차를 밟아 보고해야 한다. 점잖은 농담이나 유머를 사용하며, 흑백이 아닌 회색 지대도 볼 수 있도록 도와줘라. 상사가 이뤄낸 성과를 진정으로 칭찬하며, 전체 숲을 볼 수 있도록 타 부서의 정보나 파트너 사의 정황이나 산업계 소소한 정보를 알려라.

**조력가 상사(겸손/교만)**

유명인사 : 마더 데레사, 나이팅게일

조력가 상사의 따뜻함, 열정, 유머에 감사하다고 말하자. 상사가 당신을 도와서가 아니라 함께하는 자체에 감사함을 전하자. 상사의 도움을 고마워하되 혼자서 처리할 수 있음을 알리며, 친밀하게 상사를 대하자. 남의 일이면 쌍지팡이를 짚고 나서는 조력가형 상사는 다른 부서 일을 도와주느라 정작 우리 부서를 챙기지 못할 수도 있다. 남의 일을 봐주다 스트레스(체력 고갈, 심신허약)를 받으면 히스테리가 심해질 수 있다.

**성취자 상사(정직/기만)**

유명인사 : 케네디 대통령, 오프라 윈프리, 월트 디즈니

성취자 상사와는 경쟁하지 말고 협력하라. 상사의 실수를 건드리지 말고, 그 대신에 "이 방법이 훨씬 효율적일 것 같습니다"라고 말하자. 보고할 때는 근거를 가지고 말하고, 미리 준비하고 계획해서 핵심으로 바로 들어가 업무 보고를 하자. 단기간의 계획과 마감 시간을 중요하게 여기며, 상사들이 일하는 중간에 간섭하지 마라. 성취자 상사에게는 자신이 실행하겠다고 말한 것은 꼭 해내는 모습을 보여줘야 하며, 상사로부터 정서적인 위로는 기대하지 않는 게 좋다. 그들은 모로 가도 서울만 가면 된다고 생각한다. 성취자 상사는 1등을 너무 좋아한다. 자신들이 실패를 딛고 일어났기 때문에 실패는 없었다고 말한다. 직장에서의 좌천에 대한 두려움이 있다.

### 예술가 상사(평안/선망)

유명인사 : 윤동주, 김혜자, 버지니아 울프

예술가 상사가 감정을 표현하고자 하는 욕구를 이해하고 공감하라. 상사에게 부서직원들과 어울리며 사교적으로 대해줄 것을 요구하지 마라. 상사의 창의적인 아이디어를 받아들이고, 프로젝트에 대한 책임을 분명히 해야 한다. 예술적 표현과 오묘한 것에 심취해 있으며, 감정이 극과 극을 오가기 때문에 사람들의 감정을 깊게 이해하고 있다. 그렇다 보니 부서원들이 힘들 때 공감대 폭이 넓어 상담을 잘해 줄 수 있다. 감정뿐만 아니라 정보 탐색을 아주 깊게 하는 예술가형 상사에게서는 신기한 것을 넘어 신비로울 정도의 정보까지도 얻을 수 있다.

예술가의 상사는 종종 범상치 않은 색감의 아주 특이한 방식으로 옷을 입고 온다는 점도 기억하자. 머리카락도 꿩색 염색을 한다든지 뭔가 특별함을 찾는다. 시중에 없으면 어떻게든 구해서 제조하여 염색을 하기도 한다. 마음이 하루에도 열두 번씩 변한다. 자기 자신도 1시간 뒤 어떤 마음이 될지 모른다고 한다. 울적하면 출근을 하다가 배회할 수 있다. 다른 사람들보다 슬픔이나 고독에 민감하다.

**사색가 상사(무애착/욕망)**

유명인사 : 프리드리히 니체, 알버트 아인슈타인, 데카르트

아는 것이 힘이라고 생각한다. 책 벌레가 많다. 휴가 때 딱히 할 일이 없으면 수학의 정석을 푸는 사람이다. 모르는 정보가 없으며, 정확한 근거가 없으면 말하지 않는다. 사색가 상사는 갑자기 잡히는 회의를 싫어한다. 상사가 임원 회의 참석 시 가져갈 많은 정보를 정리해서 챙기자. 많은 아이디어를 모으려고 계속 미룰 수 있기 때문에 기한을 보고하

라. 솔직하고 정확하고 간결하게 질문을 하자.

민감한 내용을 의논하려면 다른 사람들의 방해가 없는 공간에서 사색가 상사의 고견을 요청하자. 조언과 상담이 도움이 되었다면 감사를 표현하라. 상사가 침묵하며 사색하고 있을 때는 방해하지 말고, 흥미 있는 주제에 대해서는 진지한 대화를 하라. 상사가 갑자기 사라졌다면 사내 도서관이나 정보자료실을 가봐라. 한쪽 구석에서 책이나 자료에 빠져 있을 것이다.

### 충성가 상사(용기/겁)

유명인사 : 신사임당, 안중근, 리처드 닉슨

충성가 상사는 '돌다리도 두들겨 보고 건너라, 꺼진 불도 다시 보자' '구더기 무서워 장 못 담글까'라는 신조를 신봉한다. 이런 점은 DISC의 신중형(C형)의 모습을 보인다. 상사가 "틀림없어?"라고 묻는다면, 불안감을 다른 말로 표현한 것이다. 처음 가보는 곳을 갈 때는 지인에게 가는 방법이나 위치를 전화해서 묻고, 낯선 곳을 운전해 갈 때는 차내 장착된 네비게이션과 스마트폰 네비게이션 두 개를 작동해 확인하며 간다. 이미 명확히 결정된 일에 상사에게 왈가왈부하지 않는 게 좋다. 업무 및 문제 발생을 보고할 때 과장하거나 축소하여 말하지 말고, 상사의 의심과 질문을 편하게 받아들여라.

회사가 어려울 때 끝까지 남아 회사를 살리는 사람들이다. 법과 규칙을 중요하게 여기며, 속한 조직에 안정감을 느끼며 최선을 다한다. 서로 도우며, 협동적이고 주변과 조화를 잘 이룬다. 개혁가나 지도자형 부서원들이 다그치면 스트레스를 받지만, 그들의 의견을 잘 들어주고자 하며, 기준에 맞게 충실히 수행하려 한다. 확실하다고 검증된 틀 안에서만 행동하거나 주어진 대로만 하려고 한다.

### 낙천가 상사(절제/탐닉)

유명인사 : 스티븐 스필버그, 모차르트, 헨리 소로우(시인, 사회비평가)

낙천가 상사는 명랑하고 회사 안에서도 즐거움을 찾아내는 데 도사다. 염불보다 잿밥에 관심이 많은 상사다. 수박 겉핥기 식의 일이 되지 않도록 해야 하며, 갓 사러 갔다가 망건 사서 돌아오는 경우가 많다. 상사에게 중간 보고를 잘 해야 한다. 상사의 낙천주의적 성격과 새로운 것에 대한 호기심을 높이 평가하며 칭찬하자. 아직 문제를 해결하지 못한 사안이 있다는 것을 일깨워주고, 의문 제기를 할 때 부드럽게 말하자. 상사의 아이디어를 부서원들과 공유하도록 요청하라. "무엇을 왜 생각하십니까?"라고 묻지 말고 "무엇을 느끼십니까?"라고 물어라. 이야기를 즐겁게 하는 것을 높이 평가하라. 부서원과 부서를 위해 책임과 결과를 명백히 하도록 부서장이자 리더라는 것을 상기시켜라. 최종 기한을 강조하고, 현실을 알려라.

**지도자 상사(힘 조절/욕망)**

유명인사 : 징기스칸, 유관순, 나폴레옹

상사의 지도력과 추진력에 대해 존경심을 가지고 대하자. 권한을 인정하되 부서원의 권리도 있음을 알려라. 상사의 흑백논리적인 행동이 지나칠 때(그들은 회색을 가장 싫어한다)는 부정적인 행동임을 알려라. 분노가 어떤 영향을 주는지도 보고하자. 우회적으로 말하지 말고 직접적으로 말하라. 모호함을 싫어하고, 이 상사들은 자신의 사전에 불가능은 없다고 생각한다. '눈에는 눈, 이에는 이'라며 복수를 하려고 하기도 한다. 힘이 정의다. 자기 신념이 강하고, 단호하다. 지도자 상사의 거친 태도는 어느 정도 받아들여라. 목표를 달성할 때 지도자 상사의 에너지와 책임감을 빌려라. 부서원과 약자를 위해 옹호해줄 것을 요청하라. 얼굴을 내보이고 숨김없이 말하자. 지도자의 상사는 강한 반응을 원한다. 지도자 상사가 혼자 있고 싶어 할 때는 자리를 피해주자. 상사의 힘과 독립심, 정의감을 높이 평가하자. 자기 부서원은 끔찍하게 챙긴다. 만약 타 부서에서 부하직원에게 함부로 대했다면 당장 쳐들어가 따진다. "누구야! 나오라 그래!"

### 중재자 상사(실행/자기 망각)

유명인사 : 왕건, 황희 정승, 로널드 레이건

최대 다수의 최대 행복을 중요시한다. 누이 좋고 매부 좋고, 물에 물 탄 듯 술에 술 탄 듯 하는 성향을 보인다. 하지만 노자가 '결단을 내리지 않는 것이야말로 최대의 해악이다'라고 했듯이, 결단력은 리더십에서 가장 중요한 요소 중의 하나다. 갈등 해소에 탁월한 능력을 가지고 있으므로, 다양한 관점으로 일을 처리해야 할 때 상사에게 물어라. 중재자 상사가 결정하는 데 시간이 좀 걸리더라도 좀 더 기다리자. 먼저 할 일과 나중에 할 일을 구분하고 목표를 정하도록 주간 업무보고 시 상세하게 기재하고 보고하는 것이 좋다. 분명한 성취 목표를 말해라. 많은 정보에 집중하고 전체 숲을 볼 줄 알지만 나무도 놓치지 않도록 세부사항을 기록하고, 정기적인 회의를 할 수 있도록 제안하라. 중재자의 상사가 침묵한다고 동의하는 것으로 생각하지 마라. 다른 생각이 있다. 부서의 화합과 일치도 중요하지만 효과적인 평가 기준을 세워줄 것을 요청하라.

05

# 디지털 노마드 직장인의 인사이트, 콜라보레이션

•

팀워크

동료와 상사의 행동들을 어떻게 바꿀지 전전긍긍하지 말고, 그들이 이해하는 행동언어 방식으로 전달해서 상황을 빨리 역전시키자. 그것이 바로 상사와 동료들에게 끌려다니지 않고 끌어당길 수 있는 방법이다. 원격 협업 환경에서 자신의 성향과 조직 구성원들과의 성공적인 콜라보레이션(협업)을 이룰 수 있는 방법으로 적극 활용해 보자.

DISC행동모델의 주도형(D형), 사교형(I형), 안정형(S형), 신중형(C형)이 가지고 있는 강점과 약점을 파악한 대로 자신이 속해 있는 부서의 구성원들이 보이는 행동 유형의 장점들을 통합하자. 팀워크를 이루는 데 부족할 수 있는 점을 서로 채우면서 성과를 높일 수 있다. DISC철학에서는 한 조직에 네 가지의 행동 유형이 골고루 존재해야 조직 발전이 있을 수 있다고 말한다.

## 주도형의 콜라보레이션 방법

주도형은 분명한 목적 의식을 가지고 큰 그림을 그리고 항상 분주하게 일한다. 그런 결과주도적 추진력을 가진 주도형이 나서지 않으면, 문제가 있어도 회피하고 사안을 다루지 않으려고 한다. 그 결과로 목표 달성과 문제 해결이 더뎌지고, 일은 무한정 연기될 수 있다. 그에 대한 책임을 지고 이끌어가려는 사람도 좀처럼 나타나지 않는다. 아마도 주도형인 당신은 도무지 움직이는 않는 상사와 동료들이 아주 답답할 것이다. 하지만 그 순간이 당신의 다른 창을 열어 보여야 할 때다. 그래야만 다른 창들이 알아듣고 같이 열어준다. 결론이 나지 않고 주춤한 팀의 분위기에 속이 타겠지만, 차분한 마음으로 주변 팀원들의 상태를 살펴서 특유의 리더십을 발휘하자. 당신의 추진력도 팀원들이 움직여야 실현될 수 있다. 다만, 유의해야 할 점은, 목표 달성을 위해 그들의 상황을 살피지 않고서 강하게 이끌려고 하면 문제가 발생할 소지가 많아진다는 것이다. 당신이 다 할 거라고 믿고 팀원들이 움직이지 않게 되면, 당신에 대한 의존성만 높여서 팀원들은 자신들의 문제 해결 능력을 발휘할 기회를 잃게 된다. 성급한 설득보다는 함께 대안을 찾는 한 템포 느린 박자로 의도적으로 시도할 필요가 있다. 공격적으로 문제를 제기하지 말고, 단호한 의지를 보이되 부드러운 표정과 어조로 의향을 묻고, 문제를 같이 해결하고자 하는 진정한 소통 자세를 보이자. 상사와 팀원들의 능력과 기여를 인정하고 감사를 표하는 것을 잊지 말자. 팀원들은 당신의 위기 극복 리더십과 결단력에 박수를 보낼 것이다.

## 사교형의 콜라보레이션 방법

팀원들이 실패나 예기치 못한 문제 발생으로 사기가 떨어져 있고, 말 한마디 하지 않아 사무실이 적막한 상황이라면, 분위기를 유쾌하게 만드는 마법을 가진 사교형인 당신은 우선 팀원들에게 용기를 주는 것부터 시작해야 한다. 하지만 때로는 상황에 따라서는 밝고 긍정적이고, 낙천적인 태도가 팀에 격려가 될 수는 있지만, 심각한 상황일 경우는 당신의 유머는 억지가 되고, 당신은 상황 파악 못 하는 철없는 사람이 된다.

근본적인 문제를 해결하려는 명확한 자세를 가지고, 약속과 시간을 엄격히 지키며, 일의 진척도를 높여야 한다. 지나치게 많은 사내 대인관계와 불필요하게 긴 통화는 제한할 필요가 있으며, 과업을 완수하기 위해 우선 순위 계획을 세워 확인을 하고, 상사와 동료들과 팀원들에게 말로만 다하는 게 아니라 철저히 완성하는 모습을 보여서 신뢰를 얻어야 한다. 충동적인 결정이나 번복되는 실수를 없애려 노력하고, 한번 더 생각하는 신중함을 보이며, 회사와 팀내 절차와 규칙을 따르는 것이 중요하다는 것도 잊지 말아야 한다. 당신은 아이디어만 내고 세부적인 진행은 팀원들에게만 맡기는 반복된 행동은 당신에게 마이너스가 될 수 있으니 유념하자.

## 안정형의 콜라보레이션 방법

차분한 에너지와 팀을 하나로 묶어주는 '손에 손잡고hand-in-hand' 역할이 강점인 안정형 당신이 없다면, 상사로서는 팀 관리를 더 어렵게 여길 것이다. 하지만, 당신은 지나치게 갈등을 피하고 평화로운 분위기를 추구하기 때문에 문제를 해결하기보다 속앓이를 하며 상사와 동료에게 표현을 하지 않는다. 당신의 일을 잘 살피고 처리한 후에 팀 업무를 도와도 시간이 충분하다. 지나친 배려는 당신의 에너지를 고갈시키는 주범임을 상기시키고, 거절하는 연습도 하며, 자신의 의견과 상황을 명확하게 바로 전달하는 연습을 하자. 궁금한 점과 일의 우선 순위를 상사와 팀원들에게 수시로 확인해서 부서 프로젝트에 적극적으로 참여하고, 새로운 아이디어도 제안하면서 리더십을 발휘할 수 있는 기회를 잡도록 하자. 예기치 못한  변화에 대한 두려움을 이겨내고, 힘들면 힘들다고 상사와 동료에게 요청을 하자. 그들은 기꺼이 당신을 도울 것이다.

## 신중형의 콜라보레이션 방법

당신의 엄청난 꼼꼼함 덕분에 사전에 철저한 조사와 분석이 이루어질 수 있다. 최고의 철저한 품질 관리로 완벽한 프로젝트 성공에 기여한다. 하지만 완벽주의로 인해 스스로도 스트레스를 받고, 자신의 가치나 기준이 높아서 지나치게 까다롭고 비판적이어서 성취를 끌어내는 데 한계로 작용할 수 있다. 팀원들에게는 사안에 따라 당신의 반대의 목소리와 평가가 습관적인 잔소리로 들릴 수 있다는 것도 유념하자. 융통성을 발휘하고 팀원들과 유대감을 가질 수 있게 소통하는 시간을 내자. 당신의 직관을 믿고, 현실적인 마감 시한을 만들어 추진력을 갖도록 하자. 머리로 상황에 대처하는 당신이 보기에 감정적이고 성격 급한 팀원들을 이해하기 힘들겠지만, 갈등을 피하기 위해 무관심하고 냉소적인 태도를 보이는 것은 상대를 더욱 화내게 할 수 있다. 지나치게 까다롭게 대하면 마감 시한을 지키고 일을 완수할 만한 사람이 없게 된다. 완벽성보다는 우수성에 초점을 맞추고, 완벽한 프로세스와 결과에만 매달리는 것보다 과정 속에서 팀원들과 유대감을 가지며 뿌듯함을 느끼는 여유를 꼭 가지도록 하자.

이제 상사의 네 가지 행동유형별 기본 특성이 정리되는가? 한 조직에 어느 한 유형만 치우치게 많이 있는 조직보다 4가지 유형이 고루고루 부서별로 배치되어 있는 조직에서 업무 효율성과 성과가 훨씬 높게 나타난다.

조직이 모두 주도형(D형)만 있다면 각자의 주장이 난무하여 갈등이 끊이지 않을 것이다. 사교형(I형)만 있다면 서로 친밀하게 지내겠지만 소문을 비롯해 별로 상관 없는 정보들만 난무하고 실천하는 사람은 적을 것이다. 신중형(C형)만 있으면 너무 깊이 파고들어 연구하느라 결론이 나지 않아 사업의 타이밍을 놓칠 수 있다. 안정형(S형)은 적극적인 변화를 일으키지는 못하고 같은 일만 반복하며 발전의 기회를 놓치게 된다는 것을 잊지 말라.

이렇듯 4가지 유형이 가지고 있는 강점의 균형과 약점을 서로 보완해야 조직과 개인에 도움이 되는 만족스러운 결과를 얻을 수 있다.

06

# 유형별 효과적인 직장인 디지털 노마드 되기

•

적응하기

## 행동별로 효과적인 근무 형태를 찾자

당신 자신이 어떤 유형인지 파악해보자. 각자의 성향에 따라 원격 근무의 형태인 재택 근무와 스마트 워크 센터 근무를 선호할 수도 있고, 면대면의 오프라인 사무실 근무 환경을 더 선호할 수도 있다. 중요한 것은 개인의 행동 성향이 업무의 능률과 효율, 성과 관리에 상당한 영향을 끼친다는 점이다. 따라서, 어떤 근무 형태와 환경을 갖게 되더라도 개인 관리와 팀워크에 주의해야 한다.

혼자 연구해야 몰입할 수 있는 사람이 있는가 하면, 여러 명이 일을 해야 아이디어가 떠오르는 사람이 있다. 열린 공간에서 일해야 잘되는 사람이 있고, 칸막이가 있어야 일이 잘되는 사람이 있다. 집에서 일해야 잘되는 사람, 카페에서 커피 향기를 맡으며 소란한 가운데 일해야 잘되는 사람, 음악을 들어야 일이 잘되는 사람, 맛있는 간식을 먹으며 일해야 일이 즐거워지는 사람 등 사람의 행동 성향과 취향은 사람의 수만큼 다양하다.

과학적으로는 효과가 없다고 하지만 내 경우에는 환경 변화에 따른 효과를 보았다. 음악을 들으며 일할 때 노래가사가 들리면 집중 초기에는 오히려 방해가 되지만, 몰입도가 올라갈수록 일의 속도를 타면서 가사는 들리지 않는다. 논문을 쓸 때는 빠른 템포의 클래식 음악을 들었다. 글쓰기 속도가 붙었고, 지치지 않고 본문 구성에 대한 아이디어도 나왔다. 이 글을 쓰면서도 지치거나 글이 잘 풀리지 않으면 좋아하는 노래 두 곡을 번갈아 듣거나 따라부르면서 작업을 했다. 즐겁게 업무 속도를 내는 나만의 방법이다. 헤드폰을 끼지 않고 일하면 가족들은 같은 노래를 반복해서 들어서 지겹다고 하지만, 나는 그렇지 않다. 이렇듯 능률을 올리는 방법은 다르다.

우리는 서로 소통하기 위해 각자의 다른 행동 성향을 인정하기 시작했다. 집중해서 공부할 수 있는 환경은 인정하면서, 일하는 장소는 왜 자유롭게 허가되지 않는가? 비즈니스 세계는 개인의 공간이 아니고, 공동의 목표를 지향하기 때문에 어느 정도 정해진 시간과 규정된 공간이 필요한 점은 인정한다. 하지만 시간과 공간의 제약이 나날이 사라지는 현 시점에서는 일터를 어떻게 구성해야 성인들도 신나게 몰입해서 시간 가는 줄 모르고 일할지 다시 생각해봐야 한다. 행동 유형별로 동기 부여와 두려움이 다르며, 각자의 장점(강점)이 다르다. 사람들간의 차이점을 인정하고 존중하면서, 개인 관리, 타인 관리, 업무 관리에 적극 활용해보자.

### 주도형(D형): 진취적이고 통제 가능한 다양한 환경

주도형은 모험과 도전을 즐기며, 명예욕이 있고 조직을 통솔하는 리더십이 있기 때문에 큰 조직에서 능력을 발휘하길 원한다. 근무 시간이 정해져 있는 재택 근무의 경우는 영향력 있고 분주히 활동함으로써 에너지를 얻는 주도형에게 직접적인 리더십을 발휘할 동기 부여 환경으로는 부족할 수 있다.

주도형 직원들은 직감적('촉'을 중시)이고 직설적이기 때문에 면대면 비즈니스를 선호한다. 상대방의 얼굴을 바로 보면서 답변이나 결과를 얻고 싶어 한다. 원격 근무는 행아웃이나 스카이프가 있어 어느 정도 해결될 수는 있다. 이들은 워낙 부지런하고 행동이 빠르기 때문에 주어진 업무를 가장 빨리 마칠 확률이 매우 높고, 그 다음 과제를 요구하는 경향이 있다. 관리자나 감독이 없어도 알아서 일을 기획하고 추진하고, 결과물을 내놓는다.

#### 사교형(I형): 호기심을 채워줄 자유로운 환경

사교적이고 호기심이 많은 사교형은 사람들과 어울리기를 워낙 좋아한다. 때로는 끝맺음이 좋은 편은 아니지만 마음만 먹으면 업무 속도는 주도형만큼이나 빠르다. 아이디어도 풍부해서 사람들과 주고받기를 좋아하기 때문에 강한 사교형 성향의 사람에게는 재택 근무가 지루할 수도 있고 그다지 효율적이지 않다. 시간과 공간의 제약이 많은 사무실 근무가 성향에 맞는다고는 할 수는 없지만 사람들을 만날 수 있기에 즐거워한다. 사무실 원격 근무를 한다면 자유로운 이동을 하며 스마트 워크 센터와 겸한 근무를 하면 보다 즐겁게 일할 수 있는 환경이 된다. 사교형들은 다양한 사람들과 교류하며 더 많은 아이디어와 인맥을 쌓아 업무에 연결시킨다.

이렇듯 자유로운 환경을 좋아하고 좋아하는 일에는 무섭

도록 열성적으로 움직이기 때문에 디지털 노마드 잡을 아주 선호한다.

### 안정형(S형): 조용하고 안정감 있는 환경

안정형은 안정된 공간에서 큰 움직임 없이 반복되는 업무를 잘 한다. 안정형의 경우 업무 규정과 방법만 명확하게 정리된 매뉴얼만 있으면 규칙을 가장 성실하게 지키며 재택 근무, 스마트 워크 센터 근무를 성실히 해낸다. 정해진 요구 시간에 보고서 정리를 잘 해서 제출한다. 다만, 요구한 것만 해 놓는다. 주도형은 앞서가서 일을 찾아서라도 하나 더 처리하거나 사교형은 아이디어를 더 넣는 반면, 안정형은 주어진 업무 그 이상 그 이하를 하지 않는다.

주도적으로 업무를 추진하거나 개척하는 것을 망설이기 때문에 전문직이나 안정적인 직장을 선호하며 디지털 노마드 잡을 가져도 회사 소속으로 일을 할 가능성이 매우 높다. 비슷한 능력과 진실한 직장 동료들과 함께할 수 있는 환경을 원하며, 변화를 두려워한다. 안정형의 경우, 자신의 가치를 인정하고, 창의성을 높이기 위해 다른 분야의 사람들의 다양하고 새로운 방식을 배우고 익혀서 성장하도록 노력해야 한다.

그리고 해야 할 일이 있거나 바쁠 때 회의나 중요하지 않은 업무 지원에 대해서 좀 더 단호하게 거절하는 법도 시도해 보자.

### 신중형(C형): 몰두할 수 있는 연구 환경

특정 직업에 국한되는 것은 아니지만, 데이터를 다루고 연구가 주요 업무인 직종의 금융인, 과학자, 법률가, 수학자, 컴퓨터, IT개발자, 의사들은 1차적 유형이든 2차적 유형이든 완벽을 추구해야 하는 신중형 성향을 가장 많이 보이는 사람들이다.

신중형은 다른 행동 유형과 어떻게 조합이 되는지에 따라 직업이나 선호하는 근무 환경이 달라질 수 있다. 주도형이 많으면 스타트업을 할 확률이 높고, 사교형이 따라오는 경우는 자유로운 디지털 노마드 개발자가 되기를 선택할 확률이 높다. 즉, 자신의 사업을 한다. 완벽주의자형의 신중형은 타고난 과학자이자 개발자, 엔지니어들에게 적합한 성향이다. 이들은 사색하고 연구에 몰두하기 때문에 몰입할 수 있는 장소의 분위기에 가장 민감하다. 주도형과 같이 '일' 중심이기 때문에 사람들과의 교류보다는 혼자 하는 업무를 선택할 확률이 높으며, 1차 신중형에 2차 안정형과 조합을 이루게 되면 조직에 속한 안정적인 근무 환경(사무실, 재택, 스마트 워크 센터)을 선호할 가능성이 높다. 다른 사람들의 불안정성에 대해 좀 더 관대해지려고 해보고, 수행결과가 완벽하지 못할까 걱정하며 예민해지지 않도록 단계별로 목적과 피드백을 받자.

PART

# 4

# 주도적으로 소통하고 협업하는 법

01

# 스마트 워크를 한다는 것

효율과 능률의 두 마리 토끼 잡기

협업의 성공 여부는 팀원들간 좋은 관계를 형성할 수 있는지에 달려 있다. 원격 근무는 개인의 업무만 고려하면 아주 효율적이지만, 협력 관계를 구축할 때는 실제로 면대면 접촉이 필요하다고 생각될 때가 온다. 이런 점에서 많은 기업들이 원격 근무를 아직 시행을 못하고 있기도 하다. 하지만 점점 더 원격으로 충분히 처리 가능한 업무가 많아지고 있고, 협업과 개인 업무관리 앱 등 도구들이 간편해지고 기능도 다양해져서 큰 장비를 두지 않더라도 시행할 수 있다. 아직도 사람들은 유선상으로는 용건만 간단히 하고 자세한 내용은 만나서 한다는 고정된 방식을 가지고 있다. 여기서 면대면 접촉의 핵심은 의사와 감정을 직접적으로 강하게 전달한다는 것인데, 얼굴을 보면서는 상대방의 요구에 거절을 잘 못하는 경향과 비슷하다. 그래서 아주 긴급한 사안은 상대방에게 당장 달려가서, 그 사람의 시간과 공간을 점유해서 일을 성사시켜야 한다. 비행기를 타고 당일로 날아갈 수 있어야 하고, (과장해서 말하자면) 로켓을 타고 화성에 다녀와야 하는 것이다. 그런데, 그렇게 큰 비용과 시간을 들여서 이동해서 처리해야 할 만큼 위급한 상황이 얼마나 발생할까?

## 진정한 스마트 워크를 만들어라

국내 기업의 사례를 들어보자. 오픈 좌석제로 스마트 오피스를 구현하고 있는데 그날 그날 프로젝트 추진 과정에 따라 관련 있는 팀 근처에 자리를 잡아 업무를 긴밀하게 협조하고 임원도 함께 자리함으로써 빠른 의사 결정에 도움이 되었다고 한다. 하지만, 이러한 방식으로 스마트 워크를 진행하는 기업들 중에는 좋은 자리를 맡기 위해 일찍 출근하는 해프닝도 일어나기도 한다. 그 좋다는 자리는 임원 옆이 아니라는 게 문제다. 성숙한 수평적 조직 문화가 탄탄하게 자리 잡지 못한다면 모양만 스마트 오피스가 되는 것이다. 하지만 스마트 오피스를 원격으로 시행하면 기하급수적으로 확대할 수 있다. 이동하지 않아도 공간적 제약 없이 다른 도시나 국외 지사에 있는 회사 직원들과 의견을 풍부하게 나눌 수 있으며, 보다 빠른 의사 결정과 결재도 문제없다. 이동으로 인한 결코 무시할 수 없는 시간적 허비도 현저히 줄일 수 있다.

## 원활한 의사소통을 위한 방안과 통로를 강구하라

스마트 워크란 시간과 장소에 구애 받지 않고 언제 어디서나 일할 수 있는 체제인 만큼 불필요한 낭비 요인을 제거할수록 업무를 더욱 효율적으로 수행할 수 있다. 여기에는 재택 근무, 스마트 워크 센터 근무를 비롯해 이동 중의 모바일 업무도 포함된다. 큰 비용을 들이지 않고도 충분히 다양한 원격 툴을 업무에 사용할 수 있다. 우리는 사무실에서 근무할 때도 이미 다른 부서를 비롯해 같은 공간에 있는 부서원일지라도 메신저를 통해서 정보를 공유하고 이메일로 자료를 첨부해 발송하고 세부사항에 대해 문의를 주고받는다. 재택 근무는 과거처럼 전화만을 이용한 재택 콜센터 근무가 아니며, 전화 외에도 다양한 메신저와 스마트 워크를 돕는 앱을 다운로드 받아 실시간 화상미팅, 스크린 공유, 클라우드 저장과 파일 공유(PC와 모바일), 소셜미디어 등 많은 기능들을 활용할 수 있다. 경영진과 관리자들 역시 직원들과 바로 옆에서 일하는 것과 같은 수준의 소통과 관계를 가지도록 이런 툴을 적극 이용해야 한다.

스마트 워크의 효율과 능률을 높이기 위해서는 동기 부여가 관건이다. 효과적으로 동기를 부여하기 위해서는 구성원의 참여를 통한 의사소통에 초점을 두어야 한다. 의사소통은 원격 오피스를 도입하기 전에 반드시 풀어야 하는 문제다. 불필요하다고 생각되어도 주간 소집이나 월 소집을 계획해야 한다. 가장 긴급한 현안과 프로젝트 외에 다른 사안들에 대해서도 세세한 정보를 취합할 수 있어야 한다. 스마트 워크에서는 면대면 회의의 상호작용이 부족할 수 있는 점을 고려해서, 이를 보완하는 화상회의와 화상채팅을 적절히 운용해야 한다. 필요한 경우에는 국토횡단출장을 단행하는 실리콘밸리 깃랩의 사례에서 볼 수 있듯이 소통은 아주 중요하다. 깃랩에서는 두 명의 직원이 6개월 동안 14개국 49명 팀원들을 직접 방문했다.

오프라인 커뮤니케이션을 100퍼센트 배제한 원격 근무일 경우, 소통에서 오해가 발생하지 않도록 정보만 전달할 것이 아니라 감정을 공유하고 표현함으로써 유대 관계를 만드는 것이 성공적인 원격 근무 협업의 핵심이라고 할 수 있다. 경영진과 관리자들이 원격 팀을 관리하기 어려워하는 이유 중 하나는 많은 시간을 들여서 의도를 설명했는데 직원들이 이해하지 못하는 경우가 많기 때문이다. 이럴 때 해결책은 간단하다. 메신저만으로 전달이 부족하다고 느껴지면 즉시 전화를 걸거나 화상채팅을 하면 된다. 사실 따지고 보면, 전화도 원격이다. 노트북이나 모바일 등만 원격 근무로 생각하는 고정관념이 아직 우리 머리에 강하게 인식되어 있다.

신생 기업이나 주니어 엔지니어의 경우에는 원격 근무보다는 사무실 근무나 현장 근무로 시작하는 것이 좋다. 기술을 쌓는 데도 회사의 교육과 지원이 많이 필요하기 때문이다. 그런 이유에서 일본 도요타에서도 입사 5년차 이상 근무자를 원격 근무와 탄력 근무 대상자로 선정했다.

## 원격 근무의 기초를 다지자

회사로서는 원격 근무 직원들이 회사와 일체감을 느끼도록 협업 시스템과 기업 문화를 정착시키는 게 중요하다. 실리콘밸리의 깃랩 매뉴얼(업무 핸드북)처럼, 지침은 상세하고 명확할수록 좋다. 1천 페이지 이상의 깃랩 핸드북에서는 가치, 소통, 보안 등의 일반 항목에서부터 인력 운영, 기능, 마케팅, 영업, 생산, 법규에 관련한 내용을 공개하고 있는데, 그중에서도 원격 소통 매뉴얼에는 작문법, 이메일 보내는 법, 채팅하는 법, 화상통화 하는 법, 감사인사 전하는 법 등이 명시되어 있다.

깃랩의 기업 문화를 알아볼 수 있는 'The GibLab handbook'의 항목을 몇 가지 소개하면, 전 세계에 흩어져서 원격 근무를 하기 때문에 근무 시간대가 서로 다르므로 "오늘 아침이나 오늘 밤과 같은 표현을 쓰지 않는다", 소리지르는 느낌이 들기 때문에 "영어 문장을 대문자로 쓰지 않는다"라는 항목이 있다. 혼선이 될 수 있는 단어들은 피하고 ISO 날짜(날짜를 숫자로 표기하는 방식에 대한 국제 표준)를 문서와 법률 문서에 표기하는 법도 상세하게 예시를 들었다.

이메일을 보내는 법에서는 채팅은 방해가 될 수 있으므로 가급적 이메일을 사용하라는 것과 관리자가 주말에 이메일을 보낼 시 주말을 지나 주중에 회신해도 된다는 내용 등 업무 시 발생할 수 있는 명확한 의사 전달과 업무 처리를 위한 가이드라인을 두고 있다. 그리고 채팅 채널의 대화에 더 이상 관심이 없다면 방해 받지 않도록 자유롭게 떠나라고 하고, 시차로 인해 근무 중인 다른 국가 팀원들이 혹시 연락하지 않도록 저녁 시간에는 슬랙의 'Do not interference 기능'을 활성화하라고 하고 있다. 화상통화 하는 방법에서는 3번 이상 이메일, 채팅을 주고받았는데도 문제가 해결되지 않으면 즉시 화상통화를 하거나 용건 있는 사람이 먼저 "전화[Call]?"라고 묻고 요청을 받은 사람은 "예"라고 대답하는 대신 5초 후에 바로 전화를 건다, 라는 세세한 과정이 적혀 있다. 감사 인사를 전하는 법에서 인상 깊었던 부분은 CEO나 임원에게 감사한다고 하지 말고 GitLab에 감사한다고 말하라고 한 점이다. 깃랩만의 수평적 구조 문화가 매뉴얼에도 녹여져 있는 것이다.

각자의 기업에서 원격 근무 매뉴얼을 제작할 때는 일관성, 명료성, 적시성, 개방성 등의 커뮤니케이션의 중요한 요소들이 들어 있어야 한다. 매뉴얼 항목을 보면 아주 편리하고 유용하다는 인상과 함께, 번거롭다는 생각이 아니라 자부심을 느낄 수 있으면서 특유의 기업 문화가 반영될 수 있도록 해야 한다. 또한, 담당자들이 업무를 진행하면서 업무 성향 및 특성에 따라 필요한 것들을 추가하여 체계화시키는 과정을 거쳐야 한다. 시도해서 구현해야 명확해진다는 자세로 임해야 한다. 어떤 것도 완벽한 것은 없다. 깃랩도 업무 핸드북이 1천 페이지가 이미 넘을 만큼 아주 세세하지만, 온라인에 공개해서 계속 추가하고 개선하고 있다.

매일 몇 시간씩 근무하는지 감시를 하기보다는 생산성 목표를 정하는 것을 원격 근무의 방향으로 잡아야 직원들은 사무실에서 근무할 때보다 더 집중Deep Work해서 일하게 된다. 원격 근무에서 가장 중요한 것은 직원들이 업무를 어떻게 처리하고 있는지 알 수 있는 지표가 있어야 한다는 것이다. 또한, 기업의 규모에 상관없이 발생할 수 있는 문제점으로 정보의 빈익빈부익부을 들 수 있다. 재택 근무자가 정보에서 소외되지 않도록 정보 공유망을 갖춰서 접속하는 것을 허용해야 하는 만큼 접근 통제 역시 만만치 않다. 민감한 내용의 이메일을 적절히 처리하는 것은 필수이며, 직원들에게 원격 커뮤니케이션 툴을 효과적으로 사용할 수 있는 방법을 교육하는 것이 원격 근무의 기초가 된다. 그리고 관리자들이 불안해하지 않도록, 중앙관리시스템과 팀원들의 동기 부여 및 성과 관리법을 명료하게 숙지하여 리더십을 발휘할 수 있도록 제시해야 한다.

## 디지털 원격 근무의 협업 및 성과 관리 시의 주의점

### 첫째, 내부 정보에 대한 수평적 공유가 필요하다

컴퓨터월드 보도자료에 의하면 시장조사 회사 원폴OnePoll이 영국의 근로자 2천 명을 대상으로 한 조사에서 고위급 경영진, 운영진, 전문직 등 사회적으로 지위가 높은 그룹이 하급관리자나 운영직보다 원격 근무와 모바일 근무의 혜택과 권한을 더 누리는 것으로 나타났다. 고위직이 정보를 독점하면서 많은 비즈니스 혜택을 놓치고 있다는 것이다('재택근무에 대한 직급별 차별 존재, 英 조사',Computerworld). 영국에서도 원격 근무자들이 대면 회의에 참석을 못하면서 소외감을 느꼈다고 말하는데, 정보 공유와 화상회의는 매우 중요한 요소다. 자신이 맡은 분야에서 기획력은 정보력과 직결되는데, 내 경우에도 고위관리자들이 데이터 정보 접속을 제한하고 공유하지 않아서 답답했던 적이 있었다. 나의 경우, 상사에게 문의하고 자료를 얻는 방법으로 해결했지만, 원격 근무제는 시작부터 정보 공유 방안에 대해 구성원들과 함께 고민하고 해결책을 만들어야 한다. 물론, 기밀사항의 경우는 경영진과 임원들만 우선 가질 수밖에 없는 상황이기도 하지만, 그러다가 일이 더 커진 기업 실제 사례도 있다는 것도 상기하면서, 중대 사안에 따른 단계별 정보를 더욱 세분화하고 분산화가 이루어지도록 세세하게 관리해야 한다.

직원의 프라이버시 보호에 대한 요구와 스마트폰 모바일 기기를 통한 협업이 늘어나고 직장인들에게 각광을 받으면서 기업용 메신저들이 늘어나고 있으며, 모바일 오피스를 할 수 있는 다양한 스마트 워크를 돕는 앱들이 계속 업데이트되고, 생겨나고 있으므로 기업과 개인에게 보다 편리하고 원하는 기능이 있는 앱을 적극 활용하기 바란다.

**★ 기업용 메신저와 협업 툴**

√그랩(신세계아이앤씨)

√팀업(이스트소프트)

√카카오 아지트챗(카카오)

√태스크월드(태스크월드)

√지스위트(구글)

√잔디(토스랩)

√라인웍스(네이버)

√워크플레이스(페이스북)

√팀스(마이크로소프사)

√슬랙(슬랙)+힙챗, 스트라이드(아틀라시안)

√스카이프(마이크로소프트) √구글 행아웃(구글)

**★ 모바일 스마트 워크를 돕는 앱**

√구글 캘린더 √구글 독스

√구글 드라이브 √크롬

√에버노트 √폴라리스 오피스

√오피스 렌즈 √리멤버

√드롭박스 √캠타시아, 비바비디오

√블루투스 테더링(무선), Wi-Fi 핫스팟

√프로젝트 다이어리(아웃룩이나 에버노트 작업기능을 이용함)

√간트(프로젝트), 아사나(프로젝트), 트렐로(프로젝트)

### 둘째, 재택 근무자와의 소통과 공감을 위한 이벤트가 필요하다

타국과 타지에서 재택 원격 근무를 하는 팀원들은 혼자 근무를 하느라 하루 종일 말 한마디도 안 하고 지내는 날도 많다. 화상채팅으로 이모티콘을 주고받는 정도로는 옆에 앉아 있지 않는 동료의 표정도, 보디랭귀지도, 사무실 분위기가 어떤지 파악하기 힘들다. 혼자 떨어져 있다는 느낌이 들지 않도록 온라인 가상 커피 타임과 수다 타임을 두는 등 재미를 가미한 소통의 채널을 기획하는 것도 중요하다.

### 셋째, 팀의 구성원에 대한 기대치를 명확히 하자

협업의 핵심은 앞에서 언급한 것처럼 의사소통이다. 화상회의와 화상채팅으로 보완하는 이유도 동시통역 같은 의사소통을 위해서다. 활발한 질문과 답변 없이 텍스트로 소통할 때는 보디랭귀지나 비언어적 커뮤니케이션을 읽을 수 없기 때문에, 자신의 경험과 지식으로 별도의 의미를 부여하고 원래 의도와 다르게 해석하여 처리할 수 있다. 이를 보완하는 방법으로는, 텍스트를 주고받을 때 억양과 뉘앙스 처리가 혼동될 때는 자신이 요점을 제대로 이해했는지 되물어 확인하고, 중요 업무는 항상 문서로 보내 서로 확인하는 절차를 갖는다. 명확한 의사소통을 위해 효과적인 질문을 하는 연습을 하고, 답변하는 상대는 가타부타 여부와 기한 등의 대안을 제시하며 업무처리 약속을 하는 것을 습관화해야 한다.

### 넷째, 실수는 인정하고 빨리 정정해야 한다

가장 기본적인 것부터 말하자면, 작업을 할 때 본인의 ID와 패스워드로 로그인하여 업무를 처리해야 한다는 것이다. 급하게 처리한다고 다른 동료가 이미 로그인한 PC나 노트북,

모바일로 처리해서는 안 된다. 게시물을 수정할 경우에는 누가 수정했는지 분명히 밝혀야 한다. 그리고 문제가 발생했을 때는 실수를 인정하고 빨리 수정해야 한다. 늘 완벽하게 일을 처리할 수는 없다는 것을 인정하고, 실수에 대한 후속 처리를 잘 해야 한다. 사실 누가 실수를 했는지 잘잘못을 따지기보다는 무엇을 어떻게 잘못해서 문제가 생겼는지 파악하고 신속하게 대처해야 하므로 솔직하게 인정하고 대안을 제시하도록 한다.

원격 근무를 할 때는 건강한 토론을 하고, 비판이나 날이 선 말에는 꼭 반응할 필요는 없다. 서로 지킬 수 없는 말이나 약속을 남발하지 말고, 구체적인 제안과 피드백을 주고받으며, 간혹 부정적인 의견에 대해서는 편안하게 받아들이되 기록하여 관리하자.

02

# 스타트업 정신을 가져라

직장에서 성공 동력을 찾는 법

직장인 디지털 노마드, 스타트업 정신을 가지라고 말한다면 당신은 무슨 생각이 드는가? 사실 그런 정신으로 일하고 싶지 않은 사람이 누가 있느냐고 반문할 수도 있을 것 같다. 여기서 핵심은, 회사 업무에 대한 태도를 묻는 것이 아니라 얼마나 주도면밀하게 회사에 필요하면서도 본인의 가슴도 뛰는 자신만의 프로젝트를 실험하고 있는지 여부이다. 결국 도전을 기꺼이 하고, 더 다양한 세상으로 나갈 준비를 하라는 것이다.

스타트업 개발 과정에서 만들어진 상품은 아직 다듬어지지 않은 경우가 많다. 다시 말해 시행착오의 과정이기 때문에 완벽하지 않은 미결 상태로 남지 않기 위해서는 조각상을 잘 다듬어 미술관에 전시할 줄 아는 기업의 자본과 마케팅이 들어와야 한다는 것이다. 그래서 스타트업은 대기업의 투자나 인수합병 제의를 받게 되면 성공했다고 본다. 물론 지지자를 만나서 스타트업이 그대로 1조 규모의 유니콘 기업으로 성장할 수도 있다.

직장인인 자신을 스타트업이라고 가정해보자. 직장인 디지털 노마드에게 일차적인 투자자는 자신이 속한 조직이다. 조직의 일원으로서 직장 생활을 하면서 무엇을 얻을 수 있을지 생각해보자. 무엇이든 한 가지는 확실히 잡겠다는 자세가 필요하다. 준비된 자에게 기회가 있으니, 목적했던 바를 얻기 전에는 절대 회사에서 나오지 마라. 일을 하면 연차가 쌓일 것이다. 어느 시점에 나올지 남을지는 적절한 상황이 무르익을 때 결정해도 늦지 않다. 1년 만에 회사를 나와서 창업으로 성공한 사례도 있지만 그런 일이 흔하지 않다는 것도 잘 알 것이다. 제대로 열심히 한 후에 나가자.

## 직장을 제대로 나가는 법

제대로 나가는 법을 알고 싶은가? 간단하다. 입사 첫날 퇴사를 결심한 사람이 1년, 2년, 10년을 버틸 수 있는 이유가 무엇이라고 생각하는가? 단지 월급이 직장을 다니는 이유가 될 수는 없다. 사람들 나름대로 계획한 바가 있기 때문에 버티는 것이다. 따라서, 목적 의식을 가져야 한다. 취업준비생도, 회사를 다니는 사람도, 회사를 그만두려는 사람도, 회사를 어제 그만둔 사람도 다시 한번 스스로 질문을 던져봐라. 회사를 제대로 졸업하려면, 아니 독립하려면 어떻게 해야 하는가?

우선 목적과 세부 목표의식으로 무장하자. 직무 3년차에서 7년차 전후 스카우트 제의를 받지 못한다면 자신을 돌아봐야 한다. 사원, 주임, 대리, 과장, 차장, 부장을 거쳐서 상무, 전무, 부사장, 사장 자리까지 언제 올라가나, 라는 생각을 아직도 하고 있는가? 수직적 서열 직급이 아닌 직책에 욕심을 내라. 사업이나 프로젝트에 제대로 참여해서 성과를 올려야 헤드헌터의 러브콜도 받고, 회사 밖에서도 성공한다. 나머지는 자동적으로 따라오게 되어 있다.

실리콘밸리에는 실패한 사람이 넘쳐난다. 굳이 태평양을

건너가지 않더라도 국내에서도 수많은 스타트업들이 6번, 7번 넘어지면서 오뚝이처럼 일어나며 밤을 지새우며, 시도하고 도전하며, 더하고 빼는 과정을 거치며 점점 더 소비자의 마음에 다가갔고, 그로 인해 성공했다. 많은 벤처기업가들은 정말 죽을 힘을 다해 하면 뭔가 이루어진다고 말한다. 미친 사람으로 소문이 나야 한다는 것이다. 우리가 아는 상당수의 성공 스토리는 잘 나가는 기업과 억대 연봉의 직장을 관두고 나와 창업을 해서 예기치 못한 큰 성공을 했다거나, 정말 밑에서부터 시작해 일구었다거나, 내가 좋아하는 것을 하다 보니 여기까지 왔다는 류의 사례들일 것이다. 그런데 여기서 유의해야 할 점이 있다. 그렇게 성공한 그들은 회사에서도 능력을 충분히 발휘하던 사람이었을 확률이 높고, 자신이 원하는 바를 추구하기 위해 미친 듯이 달려드는 괴짜였을 수도 있다. 중요한 점은, 그런 사람들은 일정 기간 꾸준히 구체적인 사업 방향과 아이템을 연구하고 조사해왔다는 점이다. 본인들조차도 운이 좋았다고 말하지만 어느 상황에서든 누구를 만나든 자신의 사업과 연관시켜 연상했기에 성공할 수 있었던 것이다.

## 자신만의 성공 동력을 찾아라

나는 회사에서 재직하는 동안 매년 새로운 관련 운영기획안을 내놓았다. 선진기업의 성공적인 마케팅과 경영 툴을 우리 조직에 맞게 재구성한 후 접목했다. 내가 직접 시범을 보인 후에, 업무를 해당 부서에 이관하여 담당자 교육을 통해 세부 조직체계에 녹아 들게 했다. 새로운 마케팅과 경영 툴이 안정화되면 또 다른 기획안을 세우고, 그 기획안이 조직 구석구석을 파고들게 했다. 그것이 내가 조직에서 목표한 바였고 그로 인한 성공의 결과물을 맛볼 수 있었다.

회사의 규모가 클수록 업무 분장과 분업이 세분화되어 있어서, 옆자리 동료가 무슨 일을 하는지 세세히 알기는 어렵다. 물론 부서장은 부하직원들의 세부 업무표를 만들어 인사부서와 부서원들과 공유하고는 있지만, 동일 부서라 할지라도 업무 내용과 능력의 차이가 발생하다 보니 세세히 다 알지는 못하는 것이다. 이런 점을 이용해서 업무를 할 때 필요한 핵심 정보를 혼자만 가지고 있고 공유하지 않는 사람들이 있다. 부서간의 경쟁이 심한 곳은 부서간 노하우를 공유하지 않거나 인수인계를 제대로 하지 않는 경우도 있다. 회사의 약점을 알고 있거나 경쟁이 치열한 자리다툼 대비용으로 자신만의 비법을 내놓지 않는 경우도 있다. 정보와 지식을 빼앗길까, 자리를 빼앗길까 두려워서 자기만의 성을 쌓는 것 자체가 모순이다. 회사에 몸담고 있는 동안의 성과는 공동체의 자산이다. 오로지 자신만의 것은 없다는 것이다. 하지만 업무를 하면서 당신의 머리와 손으로 익힌 지혜와 무형의 노하우는 온전히 자신의 것이 된다. 또한 현장근무자라면 현장을 파악하고 고객의 요구를 정확히 간파하는 능력이 곧 지혜가 된다. 좌우 어느 방향으로든 머리를 270도로 돌릴 수 있는 부엉이처럼 현장을 모니터링하며, 밤낮으로 자기 사업처럼 업무 방안을 궁리한다면, 그 역량과 지혜가 고스란히 자신의 자산이 되는 것이다.

직장에서 새로운 업무가 주어지고, 프로젝트를 맡거나 시도해야 하는 상황이 온다. "제가 해보겠습니다"라고 나서는 사람이 얼마나 될까? 이때 당신은 머뭇거리는가, 아니면 도전하는가? 자신이 머뭇거리고 도전하지 않는 사람에 속한다면, 나서서 해보겠다고 하는 사람은 무슨 생각에서 일을 맡겠다고 하는 건지 한번 생각해봐야 한다. 핵심은 상사가 부서원에게 제안을 할 때는 말도 안 되는 과제를 주지는 않는다는 것이다. 상사는 부서원을 지원해야 할 책무가 있고, 최후 책임은 상사에게 있다. 기본 실력만 있다면 난이도가 있는 과제라도 회사나 상사의 지원을 받아 충분히 해낼 수 있다는 것을 알아야 한다.

상황에 따라서는 몸을 사려야 할 때도 있다. 그럴 상황이라면 때를 기다리기 위한 것이다. 기회가 왔는데도 자신을 믿지 못한다면 문제가 있다. 두려움을 도전으로 전환하지 않으면 자신의 필살기를 보일 기회는 줄어들 것이며, 생존경쟁에서 도태될 수밖에 없다. "잠깐 생각해 보겠습니다" "나중에 말씀드릴게요"라고 말하는 순간 기회는 다른 사람에게 간다. 말과 행동에서부터 소소하게 시작해보자. 그것이 바로 스타트업 정신이다.

## 문서는 사람의 말보다 강하다

사람이 모이면 정치가 생겨나는 것은 자연현상이라 할 수 있는데, 정치만 놓고 보자면, 사람들 사이의 의견 차이나 이해 관계를 둘러싼 다툼을 해결하는 과정이다. 하지만 우리가 갖고 있는 기존 사내 정치의 관념은 의견 차이를 넘고 권력

확장에 대한 지극히 개인주의라는 특수성을 보인다. 기업과 개인, 그리고 역할에 대한 기대가 삼합을 이루어야 하는데, 조직 안에서 개인의 특별한 이익과 목표를 달성하기 위해 조작하고 누군가를 희생시킨다. 친한 사람끼리 더 긴밀한 관계를 맺고, 파워를 가진 상사 밑으로 들어가 밥그릇을 안전하게 지키고자 한다. 인간의 생존본능에 뿌리를 두고 생겨난 것이 파벌이기 때문에 사라지기 어렵다.

원격 근무를 한다고 해서 사내 정치의 영향권에서 벗어날 수 있는 것은 아니다. 그렇기에 조직의 성향에 대해서 알아둘 필요가 있다. 당신은 불이익을 줄 수 있는 사람의 움직임을 간파할 수 있는가? 당신이 적임자로 결정되는 순간에 거부권을 행사할 수 있는 사람이 누구이며, 직·간접적으로 당신을 반대하거나 당신의 앞길을 방해할 수 있는 사람은 누구인지 알고 있는가? 운전을 할 때는 방어 운전을 해야 하지, 공격적으로 차를 몰아서는 사고가 나는 법이다. 회사의 잘못된 흐름이 당신을 해치도록 방관해서도 안 된다.

조직의 분위기를 흐리는 행위들을 아주 잘 하는 사람의 유형이 있다. 참으로 약삭빠르게 다른 사람의 생각을 도용하고 자기화해서 자신이 한 것처럼 만드는 데 능숙하다. 그들에게는 탁월한 잔재주와 잔머리가 있다. 행동이 얼마나 빠른

지 따를 자가 없다. 잔머리라는 것은 머리를 나쁜 쪽으로 쓴다는 것이다. 이들은 이익이 없으면 냉정하게 떠난다. 그들이 당신에게 다가와서 무언가 질문을 한다면 답변을 하지 말고 되물어라. 자신의 것은 말하지 않고 상대방의 정보만 '쏙' 하고 흡입하는 사람들의 주특기다.

그들에게 당하지 않으려면 말을 아껴라. 기획안을 만들어 인트라넷 결재라인을 통해 신중하게 상부에 올려라. 단, 당신의 상부가 건강한 에너지를 쓰는 사람들이어야 하며, 결재의 끝이 최고경영자여야 한다. 그것이 내가 말하고자 하는 사내 정치의 첫 발이며, 사내 정치를 제대로 할 수 있는 금줄, 은줄을 잡는 비법이다. 사람들의 입보다 강한 것은 글이고 문서다.

민주주의도 못 꺾는 사내 정치라는 말이 있지만, 당신은 온갖 조잡한 모략과 술수에 쏠려다니거나 당하지 말고 건강한 정치를 해야 한다. 결국 이익이 돌아오지 않는 사내 정치는 오래갈 수 없다. 실적을 정당하게 평가 받는 방법이 곧 가장 빠르고 현명한 사내 정치력이다. 따라서, 당신의 실적이 먹구름에 가리지 않고 어떻게 위에까지 도달하고, 고객에게까지 도달하느냐가 관건이다. 그러기 위해서는 자신의 개인기와 필살기를 다지고, 기회가 올 때 확실히 잡아야 한다. 특히 스마트 오피스나 원격 근무제에서는 모든 업무가 수시로 기록되기 때문에, 전통적인 사내 정치와 작동할 때처럼 성과 평가가 좌우될 가능성이 낮아진다.

03

# 쿨한 매너 보이기

•

유연하게 대처하기

상사 입장에서는 "모두 준비했습니다"라는 부하직원의 말처럼 기분 좋은 말도 없을 것이다. 이 말을 함으로써 부하직원은 상사의 위신을 세워주는 것과 동시에, 자신의 책임감과 업무처리 역량을 보여줄 수 있다. 하지만 직장 생활을 하다 보면 늘 좋은 상황만 있는 것은 아니다. 업무를 하면서도 허탈할 때가 있는데 다음 사례가 그런 경우에 해당한다. 이런 상황에서는 어떻게 대처해야 하는지 알아보자.

**첫째, 오락가락 업무 지시를 하는 경우**

상사의 지시가 실 끊어진 연처럼 예측할 수 없다면, 지시 내용, 기한, 목적을 확인해서 주간보고서에 기록하여 공식화하고 공유하자. 상사 앞에서는 확인차 구두 보고를 한다. "지난 번 부서 회의에서 말씀하셨다시피, …… 관련사항 모두 준비했습니다" "대표님이 지난 회의 때 결정하신 바에 따라서, …… 모두 준비했습니다" "어제 8일자 오후에 지시하신 A안 작성과 진행을 중지하고, 지금부터는 B안을 준비할까요?"라고 부드럽고 담담한 억양으로 확인을 하라.

**둘째, 마음에 들지 않는 업무 지시를 하는 경우**

마음에 들지 않는 업무 지시라면 무엇인가? 갑자기 관련도 없어 보이는 업무를 지시하거나, 너무 하찮은 업무를 지시해서 시간을 허비하게 될 때는 직원 입장에서는 당연히 기분이 상한다.

일단 지시 받은 일은 완벽하게 처리한다. 하찮은 일이라도 창의적인 방법으로 뇌의 전두엽을 훈련한다고 생각하라. 그것이 안 된다면, 멍 때리는 시간이라 생각해라. 큰 무리가 없는 한 상사의 급한 개인적 부탁도 기꺼이 맡아라. 즐겁게 하라. 그런 상황에서는 상사와 동료들이 들을 수 있게 큰 소리로 "네, 해놓겠습니다"라고 대꾸하라.

상사가 자신을 만만하게 볼까봐 걱정되는가? 지시가 불

필요하게 반복되거나 악의가 있다고 판단되면, 그때는 거절하라. 상사의 비위를 맞추려고 자신을 지나치게 희생할 필요는 없다. 힘차게 시원시원하게 밝혀라. "아, 어쩌지요. 죄송합니다. 이번은 다른 직원이 처리하면 좋을 것 같습니다."라고 말하라.

때에 따라 상사와 눈을 맞추며 상사가 지시한 내용을 그대로 복창하며 관심과 협조의 자세를 갖추는가 하면, 지체하지 말고 이유와 대안을 설명하고 거절의 뜻을 분명히 밝혀야 할 때도 있다.

**셋째, 일은 일대로 하고 주요 무대에 설 수 없는 경우**

정말 하고 싶은 일이 있는데 주요 무대에 설 수 없는 상황이 있다. 당신이 해외 진출 사업에 관심이 많다고 가정해보자. 아시아를 넘어서 미국 진출 주요 업무를 맡고 싶은데, 사업 초반이다 보니 시장 사업성 평가에도 참여하지 못하고, 부장급 이상의 임원들이 참석하는 사업단이 출국할 때도 같이 가지 못하게 된다. 상사가 가는 경우라면 그나마 낫다. 자신이 자료를 준비해서 진행했는데 만약 다른 직원이 투입된다면 정말 일할 맛이 안 날 것이다. 그럴 때는 허탈해하고 의욕상실에만 빠져 있지 말고 마음을 다잡자.

우선 일을 진행하며 기획한 회사 홍보 자료를 확실하게 준비하라. 출국 전날, 외부 회의에 참석한 부장은 당신에게 전화를 한다. “정대리, 나 사무실로 올라가지는 못하고 11시 즈음 1층에서 자료 받고 바로 출발해야겠어! 준비는 다 되었나?” 당신은 이렇게 말하면 된다. “네, 부장님, 모두 준비했습니다. 프레젠테이션 USB와 자료출력, 홍보자료, 명함 등 빠짐없이 어제 말씀하신 대로 최종 준비했습니다. 도착 시각 11시에 맞춰 바로 내려가겠습니다! 1층 로비로 갈까요? 주차장으로 갈까요?”

끝까지 일을 마무리하면 당신 마음도 홀가분하고 뿌듯할 것이다. 상사 입장에서도 자신을 보좌하고 시원시원하게 일 처리하는 모습이 대견스러워 다짐할 것이다. “정대리, 수고했어! 다녀와서 사업 담당은 곧 자네에게 위임해도 되겠어!” 물론 늘 해피 엔딩만 있는 것은 아니지만, 일을 진행하면서 배운 지식과 노하우는 오로지 자신만의 결과물로 남는다.

### 넷째, 아무도 선뜻 나서지 않는 일을 지시하는 경우

아무도 선뜻 나서지 않는 일을 자원해서 수행하라. 그리고 남들이 자신이 하지 않은 것을 후회하고 부러워할 만큼 멋지게 꾸며서 내놓는다. 뭔가 재미 없고 시원찮은 일을 그럴 듯하게 탈바꿈시킨다면 사람들에게 깊은 인상을 주게 된다. “제가 준비해보겠습니다” “예, 진행하도록 하겠습니다. 그런데 이런 면에서는 우려가 되는데요. 제 소견으로는 이러한 점은 잘못된 부분으로 파악됩니다. 그 점은 어떻게 해야 할까요? 본부장님?” 부하직원은 ‘Yes, But 화법’을 사용하자. 이 화법이 너무 간단해서 웃음이 나오는가? 그런데 왜 사무실에서는 이런 세련된 화법을 적절하게 쓰는 사람이 아직도 부족한가?

“모두 준비했습니다!”의 의미는 상사에 대해 경의를 표하는 중요한 의사 표현이며, 예우를 갖추는 의전은 상호간의 신뢰를 쌓는 과정이다. 상사는 부하직원이 섭섭한 마음에도 상사의 결정을 믿고 따라와준다는 것을 잘 안다. 더불어, 빈틈없는 업무 처리는 가장 중요하고 본질적인 진수眞髓라고 할 수 있다. 잔소리도 필요한 잔소리가 있는 법, 잔소리 없는 상사는 당신에게 실질적으로 도움이 되지 않는다. 상사보다 역량이 뛰어난 부하가 있을 수 있지만, 부하가 상사가 되어 보지 않고서는 겪을 수 없는 부분이 있다. 혹여 자신이 상사보다 뛰어나다는 생각이 든다면 그럴수록 조심하라. 자신을 과신하지 마라. 직장 생활을 하면서 고비를 넘어야 성과 인정과 보상을 받을 수 있고, 무엇보다 자신의 자긍심을 높일 수 있음을 잊지 말자. 회사와 상사에게 진심으로 존경을 표하라.

04

# 원하는 것을 요구하는 습관 가지기

명확하게 요구하기

직장에서 상사가 당신에게 기회를 줄 것을 기다리는 편인가, 아니면 적극적으로 기회를 잡기 위해 상사에게 먼저 요청하고 설득하는 커뮤니케이션을 하는가? 성공적인 직장 생활을 하고 싶다면 더 많은 기회와 권리를 스스로 챙겨야 한다. 상사가 일일이 해줄 거라고 생각하지 마라. 더욱이 당신의 생각을 제대로 전달한 적이 없다면 상사도 당신의 생각을 알 수 있는 방법이 없다. 그리고 타이밍을 놓치지 말고 상황에 맞는 방법으로 요구해야 한다. 하지만 많은 직장인들이 대부분 시작도 하기 전에 포기해버린다는 것이 문제다.

당신은 무엇 때문에 실패를 예상하고 시도조차 하지 않는지 구체적으로 생각해본 적이 있는가? 그저 침묵하고 할까 말까 망설이며 시간을 보내는가? 흘러가는 건 시간만이 아니다. 돈, 승진, 역량 개발의 기회 등이 그냥 흐르는 물처럼 사라지고 있는 것이다. 회사의 지원제도를 적극 활용하여 소비해야 한다. 마땅히 해당되는 제도가 없다면, 상사에게 공식적인 결재 라인을 통하여 새로운 사업기획운영을 위한 별도 지원을 요청하는 상향식Buttom-up 방식으로 기회를 잡아야 한다.

## 상사에게 제대로 요구하지 못하는 이유

직장인이 상사에게 요구할 수 있는 내용으로는, 가장 거론하기 힘든 연봉에 관한 요구일 수도 있고, 승진을 비롯하여 과중된 업무나 부서 업무 분장에 관한 문제일 수도 있다. 해외 출장이나 박람회 참가 외에도 해외지사 파견, MBA 또는 외부교육 연수프로그램 참여, 적성에 맞는 부서이동 요청 등 이야기해서 요청해야 할 사항들이 꽤 많다. 그런데, 왜 상사에게 속 시원하게 요구하지 못하는 것일까? 하나씩 그 이유를 짚어보자.

### 첫째, "안 된다"라는 답변 자체를 받아들이기 힘들다

사람에게 거절당하는 일은 매우 속상한 일이다. 얼굴이 화끈거리고 당황하는 자신의 모습이 그대로 드러나고, 그 순간 자존심이 무너지는 것을 생각만 해도 힘들 것이다. 혹여 자신의 요청이 거절당하면 바보처럼 느껴지고, 창피해서 밤을 하얗게 지새울 수도 있을 것이다. 그럴 바에는 그냥 안 하는 게 낫다고 생각하고 지레짐작으로 포기하는 것이다.

### 둘째, 어떻게 묻고 어떻게 요구해야 하는지 모른다

"제가 생각해봤는데요. 혹시, 만약에…… 가능하다면 ……해주실 수 있나요?" "뭐, 아닙니다. 바쁘신 것 같은데요…… 별일 아닙니다!"라고 뜸을 들이지는 않는가? 아니라면 다행이지만, 강력하게 요구를 못하는 이유를 되돌아보자. 절대 소극적인 태도로는 자신이 원하는 것은 얻지 못한다.

무엇보다도, 부정적인 답변에 대해서 자신이 갖고 있는 불편함과 두려움을 물리치는 것부터 시작해야 한다. 아니, 물리치려고 하지 말고, "안 된다"라는 대답을 편안하게 받아들이도록 감정 조절을 해야 한다.

## 당당히 요구하자

말은 해야 맛이다. 상사가 당신 마음을 언젠가 알아줄 거라는 순진한 생각은 버려라. 명분만 있다면, 충분히 요구할 자격이 된다. 내세울 만한 실적이나 명분이 없다면, 도전과 패기와 열정을 보이며 기회를 달라고 요구하자. 이왕 하려면 강력한 의지를 드러내고 총명한 눈동자로 당당하게 요구하라. 당신의 실적 등급이 최하위가 될 때까지 멍하게 있거나, 최근 불거진 외국계 보험사의 '찍퇴(찍어서 퇴직, 저성과자를 골라 내 퇴직을 유도하는 것)' 상황이 될 때까지 기다리지 마라. 회사가 당신을 실적으로 꼬투리 삼아 업무와 전혀 상관없고 시간만 빼앗는 동영상 시청 교육을 받으라고 모욕할 때까지 가만히 있지 말고, 자구책을 마련하고 받을 수 있는 지원은 그런 일이 발생하기 전에 모두 받아내라.

요구하는 습관을 갖기 전에 한 가지 필요한 것이 있다. 바로 명분이다. 명분이란, 어떤 일에서 누가 보아도 떳떳할 만큼 내세울 수 있는 당당한 도리를 말하는 것으로, 실리는 그로 인해 얻어지는 이익을 말한다. 따라서, 명분을 얻어야 실리를 추구할 수 있는 법이다.

중요한 것은 당신이 상사에게 의논할 수 있다면, 그리고 상사와 인간적인 신뢰 관계가 구축되어 있다면 상사가 당신의 요구를 긍정적으로 검토할 가능성이 훨씬 크다. 뜻밖에도 상사에게 "그래, 그렇지 않아도 말하려고 했는데, 자네가 ○○○할 때가 되었지, 그동안 고생 많았어. 나도 기쁘네"라는 말을 들을 수도 있다. 그리고 단지 상사에게 묻기만 해도 예상보다 긍정적인 대답을 많이 얻을 수 있다. 만약 부정적인 대답을 듣는다 해도, 고민하던 문제에 대한 답을 듣고 답답한 마음을 해소할 수 있고 오히려 편안해지고 개운해짐을 느낄 것이다. 또한 포기할 것은 과감하게 포기하고 다른 방안을 찾는 계기로 만들 수 있다.

## 말하는 방식을 바꿔보자

상사와 회의를 하거나, 인사고과에 따른 연봉 재조정 등의 협상에서 자신의 화법에 집중할 필요가 있다. 평소 상사를 대하는 태도나 어투, 화법도 명분이 된다. 상사에게 냉소적인 화법과 태도를 보이다가 갑자기 공손한 태도를 보일 수 있겠는가? 만약 그런 태도 변환이 가능하다 해도, 누가 진심이라고 믿어주겠는가? 다시 내가 있는 부서로 오고 싶다며, 팀장님 밑에 있을 때가 좋았다면서 아첨을 하며 부서 충원 계획을 묻는 직원이 있었다. 근태가 좋지 않았을 뿐만 아니라 나에 대한 뒷담화도 상당히 했던 부하가 부서 이동을 부탁한 것이었다. 세상에 비밀은 없다. 조직에서는 더욱 더 없다. 특히 사내소식의 경우 광光 스피드로 퍼진다. 자신의 오만함으로 일을 그르치는 안타까운 일이 없도록 평소 자신의 행동을 돌아봐야 한다. 상사와 솔직하고 담백한 대화를 나누면서 자신의 생각을 전하고 싶다면 다음과 같이 해보자.

**첫째, 자신의 뜻을 명백히 말하라**

긍정형으로 말해야 긍정적인 답변이 돌아올 가능성이 높아진다. "안 되시죠?"라고 물으면 "안 된다"는 말이 튀어나오게 되어 있다. 가능하더라도 말이다. 말을 흐리거나 상대방의 의향을 떠보거나 묻는 형식의 질문을 하지 말고, 평서형으로 자신의 생각을 자신감 있게 명백히 말한다. 예를 들자면, "……할 수 있을까요?"를 "……하고 싶습니다" 또는 "하고자 합니다"로 대체한다. 요조체를 사용하지 말고, 다까체 같은 화법을 평소에도 사용한다. "말씀드리기 어렵습니다만, 용기를 내어 말씀드리고자 합니다" 등의 완충 기능을 하는 쿠션 언어를 앞에 사용하여, 상사와 동료들이 마음의 준비를 할 수 있게 하자. 그리고 쉽고 간결하고 단도직입적으로 말하라. 횡설수설 해서는 안 된다.

쿠션 언어의 예

- 말씀드리기 어려우나 지금 바로 상의드릴 내용이 있습니다.
- 번거로우시겠지만, 어제 말씀드린 자료 다시 요청합니다.
- 불편하시겠지만, 한 번 더 작성을 부탁합니다.
- 실례하지만, 그 내용에 대한 설명을 더 듣고 싶습니다.
- 죄송하지만, 자료 수정해서 다시 올려주셨으면 합니다.
- 괜찮으시다면, 가급적 시간을 내주시면 고맙겠습니다.
- 가능하다면, 제게 기회를 주십시오.
- 계획이 사전에 있을 거라 사려되지만, 약속 잡고 싶습니다.

### 둘째, 회사와 상사에 대한 자부심을 전달하라

"저는 우리 회사에서 부장님 아래서 일할 수 있다는 것이 기쁩니다. 제가 진행하고 있는 일도 만족합니다. 계속해서 더 좋은 실적도 낼 자신이 있습니다. 이번 (지원 또는 연봉 인상)에 관하여 논의드리고 싶습니다"라고 말을 꺼낸다. 당신의 상사가 반려 등을 고민할 여지가 없도록 당신의 노력과 성과를 자신감 있게 상세히 말하도록 하라. 회사와 부서 발전에 어떻게 영향을 주는지 보여줘야 한다.

### 셋째, 강력하게 밀어붙여라

"이번에 참석하시는 박람회와 해외 출장에 저도 갈 수 있게 해주십시오. 제 자비를 내서라도 따라가고 싶습니다! 제가 정말 진행하고 싶은 분야입니다. 직접 가서 체험하고 싶습니다!" "회사에 근무한 지도 5년이 되었습니다. 그동안 회사와 조직에서 최선을 다해 뛰었습니다. 이번 예정된 부서 이동은 합당하지 않다고 생각합니다. 어떠한 사정과 이유인지 저도 알고 싶습니다. 재검토를 요청드립니다!"라고 자신의 주장을 강력하게 피력하자.

### 마지막으로, 때를 기다릴 줄 알아야 한다

때로는 조용히 기다려야 할 때도 있다. 누울 자리를 보고 다리를 뻗으라는 말이 있다. 회사의 상황과 부서가 돌아가는 상황을 무시하고 자신만의 실리를 위해 요구하는 것은 명분 없는 이기적인 행동으로 비쳐진다.

직장 생활을 할 때 중요한 것이 많지만, 원하는 것을 요구하는 습관을 들이는 것도 그중 하나다. 요청할 때 예의 바르고 사려 깊은 태도를 잃지 않는다면 당신의 상사와 파트너는 당신을 위해 회사에 요구를 할 것이며, 당신은 더 많은 것들을 건강하게 취할 수 있을 것이다.

05

# 프로젝트 팀 만들기

•

주도권 잡기

## 처음에는 주어진 임수를 완벽하게 완수하라

셀[Cell] 단위의 TF[Task Force]팀제로 직장 문화가 형성되어 있는 기업에서는 '미팅 콜제도'가 있다. 자신이 가지고 있는 아이디어와 아이템을 기획을 통해 사내 인트라넷 게시판에서 공지해서 팀원을 모집한다. 관심 있는 사람들이 모이면 미팅을 하고, 예리한 질문 폭탄을 받으며 커뮤니케이션을 통한 설득에 돌입한다. 지원자들의 지지를 얻으면 TF팀 심사를 받는다. 채택된 기획안은 실행을 위해 팀원이 되기로 자처한 사람들이 모여 주도적으로 움직인다. 이렇게 해서 분기별 점수를 얻고 순위가 매겨진다. 자신이 주도하거나 팀원으로 지원을 하면 모두 마일리지가 쌓이며 인사고과가 형성되고, 철저히 능력제로 이루어진다. 어떤 아이디어를 시작하고자 할 때 최고의 팀원을 확보하고 이를 위해 좋은 인력을 확보해야 하기 때문에, 누가 이 업무를 가장 잘 할 수 있는지 최고의 팀을 만들기 위해 어떤 업무를 어떻게 해야 하는지를 고민하고 그 팀원을 찾고 설득하는 데 엄청난 노력을 해야 한다. 실리콘밸리에서는 재미와 이익과 자신이 중요시 하는 가치를 추구하는 인재들이 모여서 TF팀을 이루고, 실무자의 주도로 일이 진행되는 경우가 많다.

반면, 국내 기업에서는 대부분의 업무가 위에서 아래로 내려오는 상의하달식Top-down으로 진행된다. 입사 초기에는 경영진이 요구하는 프로젝트를 수행하라. 이 과정은 아주 중요하다. 경영진의 1차 요구에 대해서 일종의 맞춤 서비스로 완벽하게 자신의 실력을 인정받아야 하기 때문이다. 그래야 다음 과정을 순탄하게 진행할 수 있다. 그 과정에서 스스로 자신의 업무와 분야를 책임지는 팀장이 되어 본다. 비록 직함은 사원이나 대리더라도, 기획부터 실행, 피드백까지 모두 해 본다. 그런 과정을 거쳐야 다음 단계로 나아갈 수 있다.

## 완벽을 추구한 기획안으로 주도권을 잡아라

주어진 임무를 완수한 후에는 주도적으로 상향식Bottom-up으로 연간 시행할 단계별 기획안을 올린다. 어설픈 콘셉트 수준으로는 기획안을 제출해서는 안 된다. 상향식 방식 역시 철저히 팀원과 관련 부서원들이 움직이지 않으면 결코 성공할 수 없다. 기획안은 좋은데 실행 툴이 보이지 않는다고 판단되면, 최종결정자는 당신이 아니라 성공적으로 이끌 수 있는 다른 사람을 팀장으로 교체해서 진행할 것을 요구할 수도 있다. TF팀을 움직이게 하기 위해서는 지극히 현실적으로 모든 사안이 결정된다. 실행을 가능하게 할 조력자 및 완벽한 팀을 구성하고자 노력해야 한다. 그렇지 않다면 프로젝트 진행 자체가 안 된다. 효율적인 팀 구성과 프로젝트의 업무 정의가 선행되어야 한다. 실력 있는 인재가 합류한다 해도 힘든 돌발상황은 언제든지 발생할 수 있으니, 철저히 시뮬레이션하라. 밑그림을 그리며, 기획안 통과 – 실행 – 시스템 구축 – 피드백 단계를 정착시켜라. 1년간 기획실행자로서 역할 모델을 하며 실전을 보여주고, 타 부서나 부서원들에게 일을 위임하고 다음 기획안을 계획하라. 사람들을 만나고 관련 도서를 탐독하는 등 미래로 나아갈 길을 고민하면서, 다시 맞춤 기획안을 작성해서 안案을 올리고, 결재 통과 후 시행하는 과정을 반복한다. 그 과정을 반복하다 보면 변화된 자신을 발견하게 될 것이다.

### 좋은 기획안이란 무엇인가?

나는 기획안을 구상하고 작성하는 동안 이 질문을 수시로 했다. 다음 네 가지 원칙을 지키면, 아주 뛰어나지는 않더라도 당신의 기획안이 파일에서 잠들지 않고 회사 전체에 실행되고 결실을 얻는 짜릿함을 맛볼 수 있을 것이다.

첫째는 문제의식이다.

블루 오션 전략의 백미는 제거 요소를 도출하는 데 있다. 마땅히 있어야 한다고 여겨졌던 부분들을 제거하는 것 자체가 역발상적인 접근을 의미한다.

둘째, 상상력을 가져라.

성공한 벤처기업 CEO들은 몽상가가 많다. 꿈을 달성하기 위한 더듬이 감각을 세우는 것이다. 목적을 구체적으로 그려나감으로써 그 분야에 관한 선견력이 강화되고, 보다 강해진 선견력을 활용하여 현실로 들어가는 것이다.

셋째, 스스로의 윤리 원칙을 정하자.

과학자들이 가장 경계하며 연구 수행하는 방법이다. 원하는 결과를 위해 논문의 수치를 조작하는 행위가 가장 흔한데, 그 유혹을 이겨내야 한다.

넷째, 철저한 비용 의식을 가져야 한다.

기획안 성공 및 실패 가능성의 요인을 하나도 빠짐없이 넣어야 한다. 성공의 장애 요인이라든지 너무 큰 비용이 든다든지, 예측할 수 있는 요인을 다 포함해야 한다. 그런 장애 요인과 큰 비용에도 불구하고 이 기획은 반드시 이 시기에 시행해야 조직이 발전하고 이익을 가져온다는 것을 상세한 사실 근거로 제시해야 한다.

# PART 5

# 조직과 세상과 함께 가는 법

01

# 직장인 디지털 노마드가 콜라보레이션으로 일하는 법

•

장벽 헤쳐나가기

콜라보레이션(협업)의 장벽이 있다면 무엇이 있을지 생각해 보자. 많은 직장인들이 말하는 장벽은 첫째로 부서 내부 중심의 강한 연대를 꼽는다. 그 다음은 과도한 자기 주도성이 있을 수 있고, 배타적인 경쟁 시스템, 보상의 연계 부족, 권력 관계 집착, 과도한 정보와 심화된 분업 체계가 원인이 될 수 있다고 입을 모았다. 각 전문 분야의 이질성으로 인한 유대감과 공감대 형성 부족도 하나의 원인으로 본다.

회사마다 장벽은 다양할 수 있다. 각자 처한 상황을 살펴서 문화적, 기술적 장벽을 해소할 방법을 찾아야 한다. 일반 기업이나 병원 조직에는 전문가(기술자)와 프런트 오피스와

백 오피스의 세 조직이 있다. 이 세 조직이 유기적으로 강처럼 잘 흘러서 바다로 나아가야 하는데, 이 세 조직의 사람들과 회의를 하다 보면 서로의 입장만 강조하는 상황이 벌어진다. 이 일은 이래서 어렵고 저 일은 저래서 힘들다고 한다. 상사도 부하가 건의하면 이래서 어렵고 저래서 힘들다고 한다. 그런 상황에서 부하는 어떻겠는가? 당연히 같은 소리가 나온다.

이런 상황이 벌어지는 원인을 단순히 상사와 부하, 각 부서, 각 전문가 집단의 이기주의로만 몰아서는 안 된다. 사실 구성원들은 무엇이 문제인지 너무나도 잘 안다. 서로 회피하며 눈치를 볼 뿐이다. 기업의 공동 목표를 추구해야 하는 것은 알겠지만 의견을 좁히기 어려운 것이다. 현장의 소리와 경영 전략 라인은 분리되어서는 안 된다. 경영 현장을 모르고서는 어떤 전략도 세울 수 없다. 가장 강력한 레이다를 가져야 하는 현장의 전문가들은 세상이 어떻게 돌아가는지를 모르고서는 우물 안의 개구리가 되어, 최종 목적지인 시장의 더 많은 잠재적인 소비자와 일반고객, 충성고객으로부터 외면당할 수밖에 없다. 서로의 신뢰 관계를 구축하려면 우선 만나야 한다. 시도하는 것을 두려워하지 말자. 온라인이든 오프라인 면대면이든 자꾸 만나 유대 관계를 맺고, 고민을 나누고, 위기 의식을 공유하고, 생존전략을 세워야 한다.

체육 대회도 하고 워크숍도 하고 각종 행사를 해도 쉽게 달라지는 않는다. 통째로 바꿔야 한다. 그러려면 최소 5년은 기다려야 한다. 잭 웰치는 변화에 5년이 걸린다고 말한다. 내가 근무했던 회사에서도 새로운 문화가 정착된 것은 딱 5년이었다. 최고경영자와 임원진이 소통하지 않는 유형이라면 당신의 노력이 헛될 수도 있다. 하지만. 혼자 운영하는 동네 구멍가게가 아니라면 아래에서 위로 변화시킬 수 있는 방법이 아예 없는 것은 아니다. 기업이 커지면 기업의 주인이 단순히 오너 경영자일 수만은 없다. 이것 때문에 우리는 계속 고민한다. 우리가 할 수 있는데 하기 싫은 것인지, 아니면 자신이 책임을 다 떠안게 될까봐 두려운 것인지 말이다. 통 큰 변화의 바람으로 닫힌 성문을 함께 열어 보자.

02

# 프리미엄 효과를 내는 콜라보레이션 방법

액션 히어로

## 응원하는 한 팀이 되라

넷플릭스보다 더 매력적이라는 근무 방식의 회사, 깃랩에서 데이터베이스가 삭제되는 사고가 있었다. 깃랩은 사고를 낸 직원을 보호하기 위해서 team-member-1으로 명명했고, 그 직원의 향방을 묻는 질문에 대해서는 다른 직원들이 #JeSuisTeamMember1(Je suis는 '나는 ~입니다'라는 프랑스어)라는 해시태그 포스팅을 하며 그 직원을 응원했다. 이후 깃랩에서는 두 가지 목적에서 뒷면에 'I'm team-member-1.'이라고 적힌 티셔츠를 만들었는데, 사고를 기억하고 다시는 반복되지 않도록 노력하자는 의미와, 그 사건을 처리했던 팀에게 감사의 의미를 전하기 위해서였다("How is team-member-1 doing?", Gitlab.com). 부정적인 상황에 집중하기보다는 긍정적인 성취와 행위에 가치를 두고 있다는 점을 전하기 위한 것으로, 하나의 공동 목표를 위해 모여든 사람들을 격려하는 깃랩의 문화를 알 수 있다.

## 다른 컬러의
## 괴짜 단짝 동료와 사수를 만들자

협업하는 방법은 다양하다. 색다르게 이왕이면 재미나게 협업 문화를 만들면 된다. 전 세계의 액션 히어로 영화 〈어벤저스The Avengers〉 시리즈를 보면 아이언맨, 캡틴아메리카, 토르, 헐크, 스파이더맨, 블랙 위도우, 호크아이, 닉 퓨리가 나온다. 히어로들이 한 영화에 한 번에 나오니 사람들은 환호를 한다. 이 영화를 보고 각각의 영웅들이 나오는 영화를 찾아보았다는 사람들이 있을 정도로 캐릭터가 강한 히어로들이다. 그런 영웅들의 조화를 이끌어내는 팀 리더인 캡틴 아메리카

야말로 4.0 디지털 시대에 좋은 모델이지 않겠는가. 어디든 '괴짜'가 있으면 좋겠다. 괴짜 상사와 괴짜 부하팀원을 두고 싶다는 생각을 해 본 적이 있는가? 이 괴짜들 중에는 그들만이 가진 기상천외한 아이디어 덕분에 진정으로 세상과 인류에 도움이 되는 사람들도 있다. 쉽게 말하면 해결사와 같다.

A직원과 B직원은 안 맞을 수 있지만, A직원과 C직원은 잘 맞을 수 있다. 방향은 바꾸지 말고 방법을 바꿔라. 각자 가지고 있는 역량을 맞춰서 콜라보레이션 하는 과정은 흥미진진하다. 당신과 다른 업무 성향의 상사의 컬러는 무엇인지 들여다보라. PART 3에서 다룬 행동 모델로 상사를 파악하고 그가 가진 강점과 약점도 알아내라. 그래야 약점을 채우고 조율할 수 있는 방법을 찾을 수 있다.

## 창의적으로 다르게 보자

많은 기업 워크숍과 대학에서 디자인 씽킹을 진행할 때 창의적인 발상과 아이디어를 얻기 위해 전혀 상관없는 물체나 단어를 뽑아낸 후 마인드맵을 그리게 한다. 괴짜는 천재

만이 할 수 있는 것은 아니다. 획일적인 생각을 과감히 제쳐두고 자꾸 괴짜처럼 생각하는 연습을 하면 된다. 파브르가 위대한 것은 다르게 볼 줄 알았기 때문이라고 한다. 다른 곤충학자들이 사람의 눈으로 관찰할 때 파브르는 곤충의 눈으로 생각하고자 했다. 사물도 되어 보고, 거북이도 되어 보고, 개미도 되어 보고, 꿀벌도 되어 보자. 그것이 바로 오픈 마인드이고, 개방적인 사고이라고 본다. 남자팀원들은 재미를 쫓고, 여자팀원들은 공감을 쫓는 경우가 많지만, 서로 바꿔 추구해보자.

## 상사와 부하는 서로를 인정해야 한다

일을 할 때는 자신의 역할과 책임을 명확히 해야 한다. 역할이란 사전적 의미는 주어진 사회적 지위나 위치에 따라서 개인에게 기대되는 행동을 말한다. 협력의 문화를 만드는 힘은 상대를 인정하는 것에서부터 나오는 것이다. 상사는 부서원의 제안을 인정하고, 부서원은 상사의 권한을 인정하고 따라야 한다. 구성원의 존재나 가치를 인정하는 일이 중요하다. 상사와 부서원의 각자 '능숙함의 덫competency trap'은 없는지 점검해야 할 필요가 있다. 콜라보레이션을 하는 궁극적인 목표도 다양성이 합쳐져 새로운 것을 창조하기 위함이 아니던가. 자신의 전문성과 부서 이기주의라는 덫에 걸려 독단하지 말고, 다른 구성원들과 함께 어울리고, 입장을 바꿔서도 해결 방법을 생각해보는 여유를 가져야 한다.

03

# 발은 민첩하게

분업화에서 분산화로

## 발로 뛰며 알아보라

향후 디지털 노마드가 되기 위해서는 직장에서 일하면서 자신의 정해진 프로세스와 역할을 넘어야 한다. 각자의 역할을 넘어서 공동의 목표를 달성하기 위해서는 머리를 맞대야 하는데, 대표적인 업무 형태인 분업의 효율성이 조직 내 커뮤니케이션을 방해하는 경우가 있다. 특히 대기업에서는 조직의 규모로 인해 업무가 더욱 분업화되어 있다. 대기업 근무 경력자가 스타트업이나 벤처기업 등 소규모 중소기업의 집약적인 조직으로 이직하면 부딪치는 문제가 하나 있다. 회의 시간이 되면, "그 정보 갖다 주세요" "이 정보는 왜 안 주죠?" 라고 물으면, "궁금하면 직접 가서 알아보고 뛰세요. 대표님도 본부장님도 뛰어다니면서 각 부서에서 정보를 얻고 문제 해결을 논의합니다."라는 대답이 돌아온다. 대기업 근무경력자들보다 중소기업 근무경력자들의 창업 도전도가 더 높을 수 있다. 분업 없이 도맡아 하는 경우가 훨씬 많기 때문이다.

지식정보화 시대가 되면서 당연히 분업이 아닌 협업이 중요해졌다. 사내 인트라넷 기업메신저와 프로젝트 관리 툴을 통해 마케팅과 기획, 운영에 필요한 각종 정보들을 검색할 수 있다. 하지만 그러한 정보가 나오게 된 과정이나 부서의 내부 상황과 속사정을 알려면 찾아가야 한다. 찾아가서 물어야 한다. 현장의 소리를 취합하면서 아이디어는 차별화되고, 결실을 얻는 법이다. 엉덩이를 가볍게 발을 민첩하게 움직여라. 그것이 바로 분업이 아닌 분권화와 분산화를 이룰 수 있는 해법이다.

## 훌륭한 일터는 멋진 팀이 있는 곳

그렇다면 협업collaboration이란 무엇인가? 협업col+labor은 물리적 결합을 넘어 화학적 결합을 함으로써 새로운 가치가 만들어지는 것으로, 업무를 단순히 나누는 분업division of labor과 가장 큰 차이가 거기에 있다. 협업은 사실 과정에서 희열이 더 크다. 협업에 참여하는 구성원들의 태도가 중요하며, 공동의 목표를 위해 다 함께 고도로 집중해야만 모두가 원하는 방향의 결과가 나올 수 있다. 상대방을 협력의 대상이 아니라 경쟁의 대상으로 보면 당연히 제대로 된 결과가 나올 수 없다. 진정한 변화를 위한 장벽을 걷어내려면 무엇이 전제되어야 하는지 되새겨야 한다.

온라인 스트리밍 영화와 TV사업 분야에서 세계 최고의 기업, 워라밸의 원조라 불리는 넷플릭스는 대담한 인사정책으로도 유명하다. 그들의 정책은 어느 순간에 나온 것은 아니다. 훨씬 효율적인 방법을 바로 적용하고 빠른 개선을 위해 내부 플랫폼에서만 머무르지 않고 외부의 아이디어도 수용하는 데 부지런히 움직였을 뿐이다.

넷플릭스는 직원들에게 중요한 업무를 맡기고 나면, 그

일을 수행하는 방법에 대해서는 상당한 재량권을 부여한다. 행정 절차를 줄이고, 누구나 역량 있는 동료들과 함께할 수 있도록 업무 환경을 조성하는 것이다. 이 점을 특히 되새기기를 바란다. 성과를 강조하는 조직인 만큼 실패에 대한 부담이 크지 않느냐는 한 기자의 질문에 "과정 하나 하나를 투명하게 공유하고, 피드백을 받고, 매니저가 코치하기 때문에 엄청나게 안 좋은 피드백을 받기는 거의 불가능하다"라고 답한다('넷플릭스 본사를 들여다보다', BLOTER). 또한 "위대한 일터란 야심찬 공동의 목표를 추구하는 꿈의 팀이며, 우리는 이 목표를 위해 많은 돈을 쓰고 있다라고 한다("How Netflix Ticks: Five Key Insights From the Company's New Corporate Culture Manifesto", VARIETY).

04

# 플라시보 · 노시보 효과를 주의하라

•

균형 잡기

## 플라시보 효과를 보기 위해서는 균형감이 필요하다

직장인 디지털 노마드가 원격 근무를 하면서 이룰 수 있는 성과에 대해 이야기해보자. 직장인 디지털 노마드의 업무 수행을 완벽하게 하는 방법이 있다면 무엇일까? 비전문가의 스펙트럼과 전문가의 스펙트럼의 넓이는 차이가 있다. 전문가는 숲 전체도 봐야 하지만 골짜기뿐만 아니라 지하의 마그마까지도 볼 줄 알아야 한다.

제약회사에서 신약을 개발하면 약효를 검증하는 단계에

서 위약僞藥실험을 한다. 환자를 두 그룹으로 나누어 한 그룹에는 신약을 투약하고, 다른 한 그룹에는 약 성분이 전혀 없는 가짜 약을 준 후에 반응을 관찰하는 것이다. 이렇게 하는 이유는, 가짜 약(영양제, 설탕, 소금 주사, 비타민 시럽)을 먹은 그룹에서도 치료 효과가 대략 30퍼센트 정도는 나타나서 신약은 적어도 그 이상의 효과를 보여야 약효를 인정받을 수 있기 때문이다. 이런 실험에서 가짜 약이 발휘하는 치료 효과를 "플라시보 효과Placebo Effect"라고 한다. 반대로 노시보 효과Nocebo Effect는 '해를 끼친다'는 뜻으로, 정보에 대해 부정적인 반응을 나타내는 현상을 가리킨다. 보고 들은 정보를 긍정적으로 처리하면 긍정적인 반응을, 부정적으로 처리하면 부정적인 반응을 불러오는 원리가 우리 머릿속에 있다. 실제 정보의 사실 여부와 관계없이 뇌가 믿는 대로 반응하는 것이다.

조직 활성화에 플라시보 효과를 적용해보자. 뇌 영상학이 발전하면서 위약을 복용한 후 뇌를 관찰했더니 진짜 약을 먹었을 때와 같은 변화가 관찰되었다. 우리의 정신이 믿는 대로 몸이 반응한다는 것이 증명된 것이다. 긍정적인 마인드는 사람 간의 관계뿐만 아니라 일을 훨씬 나은 방향으로 나아가게 한다. 하지만 지나친 낙관주의와는 구분하자. 조직구성원들에게 플라시보를 투여한다고 했을 때 가장 먼저 당근 효과

'칭찬'이 주는 효과를 떠올릴 것 같다.

마케팅컨설턴트이자 강연자인 《나는 왜 일을 하는가?》의 저자 사이먼 사이넥Simon Sinek이 '인사이드 퀘스트Inside Quest'에서 똑똑하고 재능 많은 밀레니얼 세대의 젊은이들이 사회에 나와 실패하는 이유에 대해 말한 적이 있다. 다들 공감하듯이 어릴 적부터 항상 특별하다는 말과 원하는 것은 얻을 수 있다는 말을 듣고, 동기 부여를 위해 꼴찌를 해도 상을 받는 등 부족함 없이 자란 이들이 사회에 나와 보니 원하는 대로 되는 것도 아니라는 것과 자신이 가장 특별한 존재도 아니라는 것을 알게 되면서 혼란에 빠진다는 것이다. 그것은 세대의 잘못이 아니라고 말하고 있다. 운이 좋지 않았다는 것이다. '칭찬'과 '성과', '보상'은 우리를 힘이 나게도 하고 즐겁게도 하지만, 때로는 착각하게 만들고 자칫 교묘한 사람들에게 이용당하게도 한다.

플라시보 효과를 제대로 보려면, 지나친 낙관적으로 내용 없는 칭찬을 해서는 안 된다. 업무 피드백을 할 때 "○○○씨는 다 좋은데, 이런 점이 문제야"라는 식으로 '긍정-부정'이나 'Yes, but 화법'도 아무 때나 쓰지 말자. 지나친 배려 화법은 상대를 헷갈리게 하고, 내용이 없는 칭찬은 겉으로는 플라시보 효과처럼 상대방에게 동기 부여가 된 것처럼 보일 수 있지만 행동에는 변화를 가져올 수 없다.

## 불안을 조성하는 노시보 효과를 경계하자

원하는 것에 더 집중하는 것으로 플라시보 효과를 30퍼센트 이상 끌어올리고, 동시에 효율적이지 않는 것에 더 이상 주의를 기울이지 않음으로써 노시보 효과를 줄여야 한다.

최근 발표된 연구결과들을 보면 노시보 효과를 경험하는 환자 수가 상당하다. 어떤 약이 효과가 있는지 연구하는 임상 시험에서 설탕으로 만든 가짜 약을 받은 환자들도 대략 20퍼센트까지 부작용을 경험한다고 한다. 상사나 부서원들, 동료들에게 칭찬도 지적도 필요하지만, 지적하는 경우 한 가지 문제가 있다. 한 번 갖게 된 부정적인 마음은 쉽게 떨쳐낼 수 없다는 것이다. 단순히 훈계, 지적, 비난, 비아냥, 징계 등으로 상대방을 나락으로 떨어뜨려서는 안 된다. 따라서, 불안을 조성하는 노시보 효과는 경계해야 한다.

05

# 홀라크라시 마인드를 실험한다

•

자포스

## 자기 주도적인 일을 하자

미국 최대 온라인 신발쇼핑몰업체인 자포스Zappos는 창의적인 발상으로 유명하다

그중에서 자포스에서 했던 가장 큰 시도는 홀라크라시Holacracy다. 홀라크라시는 신조어 '홀라키(holachy)'와 통치와 지배를 뜻하는 어근 '크라시(cracy)'를 조합한 합성어다. 직급을 없애서 상하 위계질서에 의한 의사 전달이 아니라 구성원 모두가 동등한 위치에서 업무를 수행하는 제도다. CEO 토니

세이Tony Hsieh는 엉뚱하게도 사옥을 빌딩이 아니라 아예 도시를 만들었다. 직원이 시민이 되고, 다양한 구성원들과 함께 협력하면서 조직의 혁신성을 높이고자 다양한 시도들을 하고 있다. 자기주도적으로 기업가 정신을 가지고 과업을 수행하도록 보스는 없고, 책임자들만 있는 기업, 누구나 동등한 소리를 내고 의사결정 재량권을 가진 이 조직은 자신들을 의심스럽게 바라보는 수많은 기업들이 여전히 풀지 못한 숙제를 보란 듯이 해내고 있다.

## 홀라크라시는 자신을 더 성장시킬 기회

직급 파괴 바람이 조직 파괴를 의미하는 것은 아니다. 자포스는 더 대담하게 개개인을 책임자로 두며, 직급 관리자 자체를 두지 않겠다고 했다. 자포스의 경우도 홀라크라시에 반발하여 200여 명 이상이 회사를 나갔다('구조로 풀어내는 혁신, 홀라크라시(Holacracy): 자포스의 대담한 실험', Impact Business Review). 오랜 시간 동안 운영된 수직 구조의 급격한 변화와 리더의 부재에 불편함을 느끼는 사람들이 그만큼 많았다는 증거다('[자포스-홀라크라시 실험] 조직파괴실험, 홀라크라시의 명암', 월간시이오앤).
국내 기업의 경우도 동기 부여 및 사기 진작 문제로 직급제를 부활시킨 사례가 있다. 하지만 홀라크라시는 '수평적 구조'가 아니라 엄연히 역할별 관료 조직의 체계hierarchy의 개념을 포함하고 있다. 다만, 권한을 '사람'이 아닌 '역할'에 준다.

수직적 관료제가 아직도 편하다는 상사, 수직적 관료제의 갑질 경영과 상사의 태도가 지긋지긋하다는 부하, 모두 생각을 바꿔야 한다. 개인의 성취와 조직의 성취가 아닌 '남부럽지 않게' 혹은 '남에게 뒤처지지 않게' 사는 것이 삶의 목표가 되어서는 안 된다. 과거 폐쇄적인 기업 문화와 창조적인 변화를 추구하지 않는 안일함에서 탈피하지 않는다면 자주적인 직업 전문가로 성장할 기회도 잡을 수 없다. 더 많은 직장인과 젊은 사업가들은 건강한 개인주의, 합리주의, 사회의식이 균형을 이루는 홀라크라시의 마인드를 가져야 한다.

06

# 상사와 파트너를 놓치지 않는다

미래의 조직원 챙기기

## 슈퍼 리더로 자리잡기 위한 기질을 연마하라

직장인 디지털 노마드에게 상사와 파트너란 어떠한 존재일까? 직장 생활을 하면서 당신은 자연스럽게 연륜과 경륜이 쌓여간다. 당신에게 미래의 부서원과 상사는 여전히 존재할까? 앞으로는 슈퍼 리더와 리더만이 있을 것이며, 인공지능 로봇들이 전통적인 부하들이 하던 업무나 보조, 리서치 업무를 순식간에 처리하여 보고하게 된다. AI(인공지능)는 대체재가 아닌 보완재다. 사람이 직접 하던 지루하고 반복적인 일,

내용이 복잡해서 오류를 내기 쉬운 일, 데이터가 너무 많아서 밤새워야 하는 일 등을 컴퓨터가 빠르고 정확하게 처리할 수 있다. 이런 컴퓨터 자동화는 위험하지도 않고 경제적 수익을 높이므로 개인이나 조직이 업무 자동화를 통해 작업 효율을 높이고 비용을 절감하는 데 매우 필요한 기술이다. 대신 인간의 귀중한 시간은 더 복잡하고 의미 있는 작업에 투입할 수 있다. 여전히 인간은 통찰력과 창의력을 갖추기 위해 끊임없이 학습을 해야 한다. 로봇보다 속도가 느리더라도 말이다. 그렇다면 앞으로의 조직에는 슈퍼 리더와 각 업무 리더, 인공지능 팀원, 이렇게 조직 구성원이 이루어지지 않겠는가. 로봇에게 갑질 문화가 통할 리 없고, 오히려 상식적이고 옳은 말만 하는 로봇 부하의 객관적인 피드백 평가를 받게 될 것이다. 그런 상황이 되면 우리는 무엇을 고민해야 하는가? 자신의 자질을 길러야 한다. 슈퍼 부서원으로서, 슈퍼 상사로서, 슈퍼 리더로서 자리매김하기 위해 역량을 기르고, 창의적인 사고로 도전할 수 있도록 협업하고 지원하는 전문 직장인으로서의 기질을 보여야 한다.

## 수평적 팀워크를 구축하라

미국에서 농구선수와 감독으로서 '세기의 감독'이라 평가받은 존 우든John Wooden 감독도 거스 히딩크Guus Hiddink 감독과 같았다. 그는 차별을 철저히 막아서 선수들에게 공평한 기회를 주었고, 특별히 애착이 가는 선수라도 티를 내지 않았다. 거스 히딩크 감독 역시 운동장에서 서로 이름을 부르게 했고, 어디에서든 똑같은 위치에서 행동하게 하고 팀워크를 다졌다. '수평의 팀워크'를 다지고 선의의 경쟁으로 선수들 개개인이 스스로 '재미, 창의, 창조적 게임'을 할 수 있도록 만들었다. 물론 수평의 팀워크를 꾸리기 위해서 개개인의 기본 능력을 철저히 검증하고 챙겼다. 특히 선수 개개인의 '체력'을 극대화하는 훈련 프로그램을 도입해 몸싸움에서 밀리지 않게 만들고, 체력을 아낄 수 있도록 빠른 패스를 훈련하여 경기 내내 팀워크를 잘 유지하도록 '효율적인 축구'를 구사했다. 하지만 무엇보다도 승리 전략의 본질은 '수평적 팀워크'였다.

## 기본을 지켜라

각자의 기준에서든 사회적 기준에서든 어쨌든 성공을 하려면 예리하고 깨어 있어야 가능하다. 성공을 목표로 계략을 짜라는 것이 아니다. 기본이 된 사람은 굳이 계략(꾀, 수단) 같은 것이 필요 없다.

기본을 중요시한 인물 중에서 러시아의 우주비행사 유리 가가린Yurii Gagarin이 있다. 가가린은 첫 우주 비행을 할 때 우주선을 만든 사람에 대한 노고를 헤아리는 의미에서 신발을 벗고 탔다고 한다.

또 그런 인물 중에는 존 우든 감독이 있다. 불패의 신화를 만들어낸 그는 해답을 얻는 데 15년이 걸렸다고 말한다. 자신의 삶을 통해 본 15개의 블록 성공피라미드를 공개했는데, 그가 말하는 진정한 승리란 1등 하는 것, 좋은 점수를 따는 것, 남들보다 잘하는 것이 아니었다. 그는 최선을 다한 자신의 '자기만족'의 결과로 '마음의 평안'을 진정한 승리로 여겼다.

## 조력자 없이 슈퍼 스타도 없다

일반 직장인이라면 상사와 콜라보레이션으로 상생하는 비법을 존 우든 감독에게서 찾길 바란다. 존 우든 감독은 저서《88연승의 비법》에서 행동 모델에 따른 행동의 강점을 조절하고, 약점을 극복을 하는 과정에도 많은 리더십이 존재한다고 한다. 획일화된 리더가 아닌 각자가 가진 재능과 행동과 성격의 건강한 에너지를 가지고, 팀과 협업한다면 부족함 없이 채워 나갈 수 있으리라 생각된다.

조직과 자신을 일치시키지 않게 된 세대가 점점 더 많아지고 있다. 그들은 일의 가치와 개인의 목적을 일치시키길 원하며 재미있게 잘할 수 있는 일을 하고 싶어 한다. 재량권을 제대로 활용할 수 있도록 지원을 아끼지 않는 조직에서 리더로 일하는 경험을 얻어라. 그러려면 재량권을 요구할 정도의 실력을 부지런히 쌓아야 하며, 형태를 갖추기 전에는 조직과 상사에게서 배우고, 기량을 올리는 데 집중해야 함을 잊지 말자. 조력자 없이 슈퍼 스타도 없다. 슈퍼 리더가 되기 위해 기량을 향상시켜야 한다. 그리고 단호해야 할 때는 단호하게 하며, 감정적으로 일을 처리하지 말고, 냉철하게 판단하고 절제하자. 누구보다 무엇이 옳은지가 중요하다.

오늘의 부하가 내일의 상사다. 오늘의 상사는 결국 자리를 내어 줘야 한다. 하지만 길게 함께 갈 수는 있다. 정글짐과 같은 세계에서 꿀벌처럼 자신과 상사, 그리고 회사를 움직여 보자. 일 잘하고 똑똑한 개인은 많지만, 조직과 팀을 위해 상사와 팀원들에게 예의를 갖추며, 올바른 의사를 전달하고, 진심으로 지원하는 자들은 적다.

시대가 바뀌고 있다. 한 사람과 한 조직이 해결하기에는 엄청난 변화의 파도가 우리의 의지에 상관없이 밀려오고 있다. 이 변화의 파도를 혼자 맞는 것은 불가능하다. 평소에 수평적인 인간관계를 구축해서 자신을 지지해주고 같이 맞서서 싸울 상사와 부하직원을 놓치지 말자.

07

# 어떤 슈퍼 리더가 될 것인가

•

소명 갖기

"무슨 일을 하십니까?"라는 질문에 당신은 어떻게 답변을 하는가? 어느 회사 어느 부서에서 있는지 당신의 소속이 궁금한 것이 아니다. 당신이 하고 있는 업무에 대해 전문가다운 자부심과 미래지향적인 비전을 가지고 있는지 궁금한 것이다. 자의든 타의든 전문가라고 말할 수는 있는가? 공신력과 평판은 자신이 만드는 것은 아니다. 작게는 팀에서 크게는 업계를 넘은 산업 시장에서 당신 자신을 스페셜리스트라고 말할 수 있는가? 모든 개인이 그렇게 누구나 다 알 만한 명성을 얻을 수는 없다. 그렇게 하려고 애쓸 필요는 더 없다. 하지만 진짜 실력이 있는지는 자신이 잘 알기에 공신력과 평판도 자신이 만들어가는 것이며, 자신에게서 나온다. 그것이 당신의 소명calling이다. 당신은 자신의 일을 사랑하면 된다. 자신의 조직을 아끼고, 자신의 사람들을 챙길 줄 알면 된다. 콜라보레이션(협업)으로 상생할 준비가 된 것이다.

## 무엇보다 인내심이 필요하다

당신의 심장을 뛰게 하는 일은 무엇인가? 자신이 인내하며, 시간과 에너지를 바칠 수 있는 일일 것이다. 어느 한 분야의 전문가가 되기 위해서는 거의 모든 사람이 재능, 기회 등이 필요하다고 강조하지만, 우선으로 필요한 것은 인내심이다.

나이트 근무를 위해 밤 9시에 출근하면서 오랜만에 안부 전화를 준 신생아실 수간호사에게 물었다. 다들 힘들어서 기피하는 산부인과와 신생아실 근무를 또 하느냐고 질문했다. 그녀는 자신도 모르겠다고 답했다. 다만, 너무 힘들어서 이 일을 해야 하는지 고민하면서도 아기를 보면 다 잊는다고 한다. 그 대답에 그 일은 어쩔 수 없는 당신의 귀중한 소명이라

말해줬다. 소명이라는 것이 그렇다. 자리를 지켜주는 사람이다. 누군가에게 너무나도 필요한 존재가 바로 직업 소명자이다. 극단의 스트레스, 슬럼프, 자존심이 상하는 순간, 재정적인 어려움과 위기의 순간이 올 때도 당신은 인내를 할 수 있는가? 하지만, 소명을 무조건적인 견딤, 고통이라고 여길 것이 아니라 즐거움이어야 한다. 그 즐거움을 유지하기 위한 자신만의 방법을 생각해보자.

## 한 분야의 인재가 되는 방법

### 첫째, 주변 사람들을 주의 깊게 관찰하라

당신과 함께 일을 하는 사람들의 인품과 재능과 역량을 주의 깊게 관찰한다. 학연 관계로 맺어진 사람들을 무조건 신임하면 후회할 수 있다. 한결같이 변함없이 당신의 고민과 결정에 동참하고 의견을 같이 해온 사람을 신임하고, 좋은 것은 무엇이든 나눠라. 그리고 그들을 칭찬하고, 그들의 도움에 고맙다는 인사를 잊지 않고 건네도록 한다.

### 둘째, 지식으로 무장하라

진정한 지식이란 배움을 통한 다양한 사회 경험과 문화에 대해 소견을 갖고, 시대 정신을 주도할 수 있는 통합능력이 아니겠는가. 호기심을 갖고, 상상력을 높이고, 자신의 생각을 객관화하기 위한 공부를 습관처럼 한다면 좋은 기회는 찾아온다. 사실 기회가 찾아오는 것이 아니라 아는 만큼 보이기 때문에 기회가 보이기 시작한다. 특히 젊은 직장인이나 젊은 사업가에게 정보 지식으로 무장한 일종의 정신력을 의미하고, 당신이 분야의 전문가가 되기 위한 갑옷이라고 말할 수 있다. 또한 문화적으로도 무장되어 있어야 한다. 결국 모든 사안은 사람의 두뇌에서 판단되고, 정확하고 신속한 판단력은 한 사람의 문화적인 소양에서 나온다고 본다.

### 셋째, 성실성과 노력이 최고의 자본이다

100의 힘을 들여서 할 수 있는 일이라도 120의 노력을 들이고 일을 한다. 그래야 100을 채울 수 있다. 일을 처리하고 나서 '내가 빠트린 것은 없는가?' '어떻게 하면 더 좋은 결과를 낼 수 있을까?'에 대해서 끊임없이 분석한다. 자신을 아는 것은 타인을 아는 것보다 오히려 더 어려울 수 있다. 일을 대강 처리하는 것을 용납해서는 안 된다. 업무는 취미 생활이 아니다. 하지만 실수나 실패로 너무 자책하지 말자. 그 자존심이라는 것이 유리잔과 같아서 한 사람의 한마디 말에도 깨질 수 있는 것인데, 자신마저 몰아세우면 안 된다. 실수는 빨리 잊자.

대부분 전문가가 되기 전에는 자신이 좋아서 하는 일보다 자신이 맡은 일과 하는 일을 좋아해야 한다. 성공한 이들의 비결은 오히려 간단하다. 성실하고 끊임없이 노력한다는 것이다. 경험이 없는 일이라면 우선 그 분야에 대한 정보를 수집했고, 그 후에는 그 분야에서 다른 사람들이 실패했거나 아직 시도하지 않았던 새로운  모델을 개발하기 위해 전력을 다하면 된다. 한 알의 씨앗을 심을 줄 아는 사람이 열 개의 낟알을 수확하는 것처럼 당신이 받는 실적과 연봉, 기타 혜택은 당신의 노력과 직결된다.

### 넷째, 직업에 대한 자신의 소명을 찾자

개인의 삶의 목적을 실현하고 사회적으로 의미 있는 일을 찾아 최선을 다하는 것이다. 힘이 들어도 자신도 모르게 끌리는 업이 소명이다. 소명 의식을 가진 사람들을 절대로 이길 수 없다. 일의 결과는 시작에서 이미 80퍼센트는 결정된 것이다. 첫 단추라 할 수 있는 때를 기다리며 소명에 심혈을 기울여야 한다. 헤매지 말자. 당신이 놓을 수 없고, 힘들어도 보람을 느끼는 일을 찾아내자. 어쩌면, 이미 당신의 현재 직업이 소명일 수도 있다.

### 다섯째, 일과 사람을 존중하자

사사로운 이익을 위해 탐욕이 개입되면 성공하기 어렵다. 끝이 좋지 않다. 명예롭게 퇴사를 하고 싶은가? 그러면 절대 잊지 마라. 자신에게는 엄격하지만 상사와 동료들에게는 의리로 대우하라. 올바른 일을 추진하라. 그러면 다른 사람보다 성공의 대열에 먼저 들어가게 될 것이다.

• 에필로그 •

# 조직 안에서 자유로운 삶을 시작할 당신에게

나는 원격 근무로 기업과 협업해 일하고 있지만, 아직 아이가 학교에 다니고 있고, 현장에서 강의와 컨설팅을 하다 보니 국외 단기출장을 제외하고는 국경을 넘어 장기간의 원격 근무를 본격적으로는 진행하지 않고 있다. 하지만 아이 방학에 맞춰서 지방이나 외국으로 나가서 다양한 삶을 계획하고 있다. 놀러 갈 생각도 좋지만, 어떤 일거리를 가지고 갈지가 더 흥미진진하다. 원격으로 일상 업무 외에도 한 가지 프로젝트를 정해서 완수하고 올 수 있다면 정말 훌륭하지 않겠는가! 장기간 머물면서 수박 겉핥기가 아니라 깊은 관찰을 통해 그 지방 사람들, 그 나라 사람들의 문화와 예술, 풍습을 지켜보며 내가 얼마나 더 성장할까, 라는 기대에 부풀어 아직 떠나지 않았는데 벌써부터 가슴이 설렌다. 든든한 나의 조직과 동료들과 가족들과 친구들과 자연과 생물들과 여전히 함께하며, 시간과 공간의 자율성과 성취감을 주는 디지털 시대에 내가 살고 있음을 감사하게 여길 것이다.

직장인이라면 한번쯤은 디지털 노마드와 같은 꿈을 꿨을 것이다. 일과 일상의 스트레스로부터 벗어나 여유롭고 자유스러워진 자신의 모습을 상상했을 것이다. 중요한 사실은 그런 꿈은 절대 막연한 계획으로는 이룰 수 없다는 것이다. 당장 지금부터라도 적극적으로 삶을 설계하고 책임을 다하며 세상과 좀 더 소통을 하려 노력한다면 원하는 삶에 훨씬 가까워질 것이다.

더 영리하게 몸을 움직이고, 조직과 파트너와 고객의 마음을 얻자. 진정으로 직장인들과 중견관리자와 임원들이 각자의 임무에서 서로 쓰다듬어주고 다독거리길 바란다. 특히 젊은 직장인들이 구·신세대로 선을 긋지 말고 현명하게 서로를 돌아보며 멋진 제안들을 내었으면 한다. 그러한 신뢰를 쌓는 과정을 통해 건설적이고 창의적인 콜라보레이션을 이뤄낼 것이라고 확신한다. 서로의 미래를 위해 더 많은 창조적인 기업과 직장인 디지털 노마드가 이 세상에 나오기를 고 대한다.

집필하면서 내 성장에 직·간접적으로 영향을 준 조직과 상사들, 팀원들이 그리워진다. 이 책을 통해 뭉쳐 있던 실타래 같은 생각이 정리되고, 직장 생활에 대한 영감을 얻을 수 있다면 그 기쁨은 배가 될 것이다. 독자 여러분의 상사와 부서원, 그리고 당신의 조직은 위대하다. 그러므로 당신은 위대한 사람이다. 그 마음으로 시작한다면 그런 세상이 된다고 생각한다. 사회 구성원으로서 일을 멋지게 일구어 나가고, 어떻게 얼마나 변할지 모르는 세상에서 확고한 자기 신념을 갖기를 바란다. 무엇보다 자신의 가치를 주변 사람들에게 펼치는 전문 직업인으로서 활약하길 바라며 머지 않아 성공적인 퍼스널 브랜드를 론칭할 수 있길 기원한다.

국수미

# 참고문헌


## ● 도서

- 헬렌 팔머, 파울 브라운, 《에니어그램 – 성공하는 사람의 성격관리》, 학지사, 2001.
- 켄 보그스, 론 브라운드, 《사람들은 왜 나를 오해할까?》, 디모데, 2002.
- 이창준, 《재미있는 사람읽기》, 구루피플스, 2002.
- 윤운성, 조주영, 박현경, 《에니어그램과 진로지도》, 한국에니어그램교육연구소. 2012.
- 윤운성, 《에니어그램 이해 1,2,3단계 교재》, 한국에니어그램교육연구소, 2003.
- 데이비드 다이엘스, 버지니아 프라이스, 《필수 에니어그램》, 학지사, 2002.
- Dr. Margaret H. Smith, 《집단지능과 번영을 위한 9가지 설계원리: 에니어그램》, 한국에니어그램교육연구소, 2014.
- 도유진, 《원하는 곳에서 일하고 살아갈 자유, 디지털 노마드》, 남해의봄날, 2017.
- 윌리엄 브래튼, 재커리 듀민, 《콜라보!!》, 유비온, 2013.
- 이호건, 장춘수, 《콜라보 파워》, 책이있는마을, 2016.
- 군둘라 엥리슈, 《잡노마드 사회》, 문예출판사, 2016.

• 팀 페리스, 《나는 4시간만 일한다》, 다른상상, 2017.


● **신문기사 및 잡지**


• '실적 부진 IBM, 24년만에 재택근무 폐지', 《이코노미조선》 207호, 2017.07.19., http://premium.chosun.com/site/data/html_dir/2017/07/12/2017071202085.html
• '디지털 노마드를 위한 마을, 카미야마', MOBI INSIDE, 2017.5.4., http://www.mobiinside.com/kr/2017/05/04/digitalnomad-kamiyama/
• '글로벌 IT 기업들의 원격 근무 폐지 릴레이, 시대를 역행하는 결정인 이유', IT World, 2018.08.17., http://www.itworld.co.kr/news/105349#csidx234690eef781ec1be5deb7caacff664
• '링크드인 올 가을부터 전문 인재 스카우트 툴 공개', 녹색경제, 2018.06.26., http://www.greened.kr/news/articleView.html?idxno=66302
• '85% Of Jobs That Will Exist In 2030 Haven't Been Invented Yet: Dell', HUFFPOST, 2017.07.14., https://www.huffingtonpost.ca/2017/07/14/85-of-jobs-that-will-exist-in-2030-haven-t-been-invented-yet-d_a_23030098/
• '[탄력근무제 시대] 미국인 43% 사무실 밖 근무 경험… 만족도 · 생산성 UP!', 이투데이, 2017.03.02., http://www.etoday.co.kr/news/section/newsview.php?idxno=1462504

- ‘Are We Ready For A Workforce That is 50% Freelance?’, Forbes, 2017.10.17., https://www.forbes.com/sites/elainepofeldt/2017/10/17/are-we-ready-for-a-workforce-that-is-50-freelance/#63e8c3893f82
- ‘중국도 2030년부터 ‘주4일 근무, 3일 휴식’ 도입 검토’, 한국일보, 2018.07.15., http://hankookilbo.com/v/03e7d86ba31040c9aae97ede69e7b8e4
- ‘도요타, 재택근무 확대 시행… 일반직도 원하면 집에서 일한다’, 이투데이, 2017.08.02., http://www.etoday.co.kr/news/section/newsview.php?idxno=1522705#csidx48f2048ef32ff909bb1df7202d6541d
- ‘재택근무에 로봇까지… 늙어버린 일본의 생존게임’, 세계일보, 2016.08.08., http://www.segye.com/newsView/20160807001352
- ‘Five Generations Working side by side in 2020, 2015.07.03., http://hi-designltd.blogspot.com/2015/07/designing-office-for-all-generations.html
- 토머스 에디슨, 네이버지식백과, https://terms.naver.com/entry.nhn?docId=3566911&cid=59014&categoryId=59014
- ‘A simple wireless technology promises to make driving much safer’, MIT Technology Review, 2015., https://www.technologyreview.com/s/534981/car-to-car-communication/

- ‘Uber will halt autonomous vehicle testing in California after fatal Arizona crash’, INDEPENDENT, 2018.03.27., https://www.independent.co.uk/news/world/americas/uber-self-driving-crash-person-dead-died-arizona-california-vehicle-tests-permit-dmv-a8276846.html
- ‘안녕? 무술년! ② 2018 대한민국 트렌드 키워드 10’. 부산일보, 2018.01.11., http://news20.busan.com/controller/newsController.jsp?newsId=20180110000363
- ‘Futurist Thomas Frey predicts by 2030 people will rely on billions of drones and sensors to live’, IMPACT LAB, 2015.11.12., http://www.impactlab.net/2015/11/12/futurist-thomas-frey-predicts-by-2030-people-will-rely-on-billions-of-drones-and-sensors-to-live/
- ‘상식으로 보는 세상의 법칙:경제편-파킨슨 법칙’, 네이버 지식백과, https://terms.naver.com/entry.nhn?docId=3433859&cid=58393&categoryId=58393
- The GibLab handbook, https://about.gitlab.com/handbook/
- ‘재택근무에 대한 직급별 차별 존재’ 英 조사’,Computerworld, 2013.03.08., http://www.ciokorea.com/news/16068
- ‘How is team-member-1 doing?’ 2017.05.17, https://about.gitlab.com/2017/03/17/how-is-team-member-1-doing/
- ‘넷플릭스 본사를 들여다보다’, BLOTER, 2017.03.12,. https://www.

bloter.net/archives/273857
- ‘How Netflix Ticks: Five Key Insights From the Company’s New Corporate Culture Manifesto’, VARIETY, 2017.06.21., https://variety.com/2017/digital/news/netflix-company-culture-document -1202474529/
- 홀라크라시, 네이버지식백과, https://terms.naver.com/entry.nhn?docId=2851922&cid=43667&categoryId=43667
- ‘구조로 풀어내는 혁신, 홀라크라시(Holacracy): 자포스의 대담한 실험’, Impact Business Review, 2014.04.17., http://ibr.kr/3002
- “[자포스-홀라크라시 실험] 조직파괴실험, 홀라크라시의 명암”, 월간시이오앤, 2017.02.28, https://m.post.naver.com/viewer/postView.nhn?volumeNo=6608735&memberNo=18103913&vType=VERTICAL

**북큐레이션 • 4차 산업혁명 시대를 대비하는 이들을 위한 라온북의 책**

기존의 공식이 통하지 않는 급변의 시대, 남보다 한 발 앞서 미래를 준비하는 사람이 주인공이 됩니다.

## 디지털 노마드

권광현, 박영훈 지음 | 15,000원

**사무실과 직장 없이도 원하는 곳에서 원하는 만큼 일하며**
**디지털 노마드족으로 사는 법!**

'디지털 노마드(Digital Nomad)'란 인터넷, 네트워크 기술의 발달로 탄생한 종족으로 태플릿 PC, 노트북 등의 IT 기기를 갖추고 전 세계를 여행하면서 일하는 사람들이다. 이들은 디지털 기기를 사용할 수 있는 곳이라면 어디서든 일할 수 있다.
월 수익 1,000만 원 이상을 버는 저자들은 '디지털 노마드'가 무엇인지와 어떻게 디지털 노마드로 살 수 있는지 방법을 이 책에 담았다. 어떤 플랫폼을 활용하여, 어떻게 시작하고, 온라인 세계에 돈을 벌 수 있는 판을 깔고, 자동으로 수익을 일으킬 수 있는지 구체적인 매뉴얼까지 알려주어 그대로 따라하면 성과를 낼 수 있다.

## SNS 마케팅 시리즈

임헌수, 최재혁 지음 | 각 권 16,000원

**카카오스토리, 인스타그램, 네이버, 구글, 유튜브**
**지금 가장 뜨거운 눈 채널 마케팅의 모든 것!**

온라인 마케팅은 날로 발전하는 기술의 변화와 시시각각 변화하는 소비자들의 입맛을 잡기 위해 더욱 치열하게 전개될 것이다. 이 경쟁 속에서 살아남기 위해서는 나의 일방적인 메시지를 전달하는 것이 아니라, 디지털 시대에 걸 맞는 채널로 재가공하여 발신해야 한다. 이야기를 듣고 싶어 할까? 이 시리즈는 모든 온라인 마케터와 사장들의 질문에 답한다. 전문가가 다년간 축적한 온라인 마케팅 핵심 개념을 초보자의 눈높이에 맞게 설명하고 있으며, 특히 홍보에만 주력할 수 없는 대다수 기업의 현실을 적극 반영하여 최대한 간편하고 쉽게 따라 할 수 있는 방법을 함께 소개하고 있어 매우 실용적이다.